全球首发车大揭秘

（2011~2012）

刘邗　侯明月　主编

人民交通出版社
China Communications Press

内容提要

本书完整地收录了从2009年7月起至2010年10月全球主要汽车生产商在车展以及特别活动上在全球首发的汽车（于2011 ~ 2012年上市），并将这些首发车的时间准确列出。本书文字简洁并配有高品质图片，是行业人士、汽车爱好者不可多得的收藏品和参考书籍。

图书在版编目（CIP）数据

全球首发车大揭秘：2011~2012 / 刘邗，侯明月主编 .—北京：人民交通出版社，2011.1
ISBN 978-7-114-08810-0

Ⅰ. ①全… Ⅱ. ①刘… ②侯… Ⅲ. ①汽车—简介—世界—2011~2012 Ⅳ. ① U469

中国版本图书馆 CIP 数据核字（2010）第 246757 号

书　　名：全球首发车大揭秘（2011~2012）
著 作 者：刘　邗　侯明月
责任编辑：谢　元
出版发行：人民交通出版社
地　　址：（100011）北京市朝阳区安定门外外馆斜街 3 号
网　　址：http://www.ccpress.com.cn
销售电话：（010）59757969，59757973，85285656
总 经 销：人民交通出版社发行部
经　　销：各地新华书店
印　　刷：北京盛通印刷股份有限公司
开　　本：880 × 1230　1/16
印　　张：10.5
字　　数：336 千
版　　次：2011 年 1 月　第 1 版
印　　次：2011 年 1 月　第 1 次印刷
书　　号：ISBN 978-7-114-08810-0
印　　数：0001–4000 册
定　　价：38.00 元

前　言

全球首发车并不是一个新的名词，简单来讲，它是汽车生产商在某个特定的公众活动中向全球首次发布的一款新车。要成为一台全球首发车，首要条件是它必须是一款在国际市场上发售的汽车，也就是说，它不能只在本国出售，并且还必须在其他国家和地区出售。否则，它只能成称为一台首发车。

在全球现有的知名品牌当中，其产品几乎都会在全球的各个市场上发售，因此这些车型的第一次公众见面就被称为全球首发。这些首发活动，一般都集中在全球五个最知名的车展，包括美国底特律（北美）车展、日本东京车展、瑞士日内瓦车展、法国巴黎车展和德国法兰克福车展。

近几年来，中国的汽车市场发展非常迅速，国内知名的上海和北京车展从规模上已经完全可以媲美任何一个知名的车展；但是，衡量一个车展是否国际级的标准，要看在这个车展上有多少全球首发车，并且这些车是否为重量级车。从 2009 年的上海车展到 2010 年的北京车展，我们惊喜地发现，国际知名品牌在中国首发的全球车越来越多了，而且都还算重量级的新车，这说明中国的汽车市场已经受到了国际品牌的严重关注。

与这些大品牌的全球首发车相比，国内的自主品牌每年都会在车展上发布数以百计的首发车，不过这些车 95% 都只针对国内市场，还没进入国际市场，因此这些车还不能算作是全球首发车。随着国内汽车业的快速增长，更多的自主品牌产品会扬名海外，作为全球首发车，这也是指日可待的事情。

本书收集了从 2009 年 7 月起至 2010 年 10 月止，在全球范围内首发（于 2011 ~ 2012 年上市）的 300 余款量产车型和概念车，以精美的图片辅以准确的首发时间，是汽车爱好者、从业者不可多得的一本珍藏读物！

编者

2011.1

目　　录

目　录

首发：2010 年 3 月日内瓦车展

阿巴斯 Punto Evo

阿巴斯 Punto Evo 以 2009 年 9 月所发布的 Punto Evo 为基础，将原有 1.4L MultiAir 发动机增加了 GARRETT 涡轮增压套件，最大功率提升为 120kW，峰值转矩也提高至 250N・m，0~100km/h 加速缩短至 7.9s。动力提升之后，阿巴斯也为 Punto Evo 提供了新的驾驶模式（包括运动与普通模式）选择功能。在运动模式中，自动启动的 TTC 转矩转换控制系统能够增加高速操控的安全与乐趣，Punto Evo 原有的停车 / 起步系统和 GSI 换挡提示装置，让阿巴斯 Punto Evo 在提供丰富的驾驶乐趣之外，也能够达到节省油耗的目的。

技术参数

发动机	直列 4 缸
排量（L）	1.4
功率（kW）	120
转矩（N・m）	250
变速器	5 速手动
0~100km/h 加速（s）	7.9
最高时速（km/h）	213

首发：2009 年第 51 届圣雷默拉力

阿巴斯 500 R3T

这是阿巴斯为参加第 51 届圣雷默拉力赛而推出的极致改装作品。阿巴斯 500 R3T 采用 1.4L 直列四缸涡轮增压发动机，诸如活塞、凸轮轴、曲轴和连杆等都经过了必要的升级。涡沦增压器选用 Garrett 1446 可变几何形状叶片涡轮，最大功率达到 132kW，转矩达到 300N・m，与之配合的是顺序式 6 速手动变速器。另外，悬架也采用可调式设计，车高、仰角和内外倾角都可以按要求调校。除了强劲的动力以外，阿巴斯也为这台拉力小车配备了 17in 的 OZ 铝合金轮毂、Brembo 四活塞制动卡钳、液压手动制动器等。

Acura
讴歌

技术参数

发动机	V6
排量(L)	3.7
功率(kW)	224
转矩(N·m)	366
变速器	6速自动
0~100km/h 加速(s)	8.2
最高时速(km/h)	210

首发：2009年7月加州

讴歌 ZDX

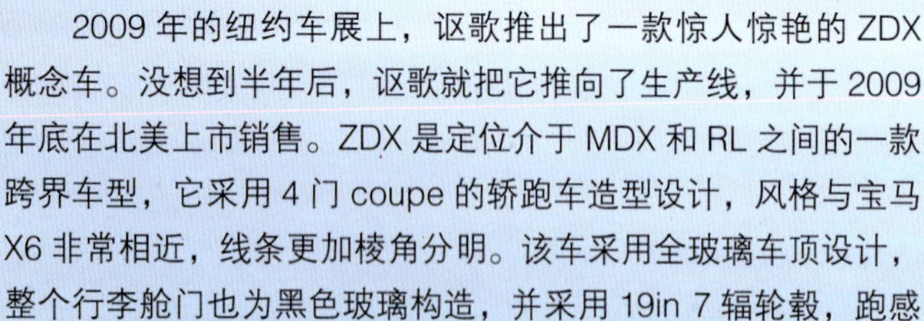

2009 年的纽约车展上，讴歌推出了一款惊人惊艳的 ZDX 概念车。没想到半年后，讴歌就把它推向了生产线，并于 2009 年底在北美上市销售。ZDX 是定位介于 MDX 和 RL 之间的一款跨界车型，它采用 4 门 coupe 的轿跑车造型设计，风格与宝马 X6 非常相近，线条更加棱角分明。该车采用全玻璃车顶设计，整个行李舱门也为黑色玻璃构造，并采用 19in 7 辐轮毂，跑感十足。

动力方面，ZDX 搭载 3.7L V6 自然吸气发动机，输出 221kW 的功率和 366N·m的转矩，搭配全新 6 速自动变速器，并采用拨片换挡功能。此外，本田独有的 SH-AWD 系统也成为必备配置。其他高端配置还有全新盲点信息系统、翻转视角功能后视镜、蓝牙接口、语音识别控制系统等。

首发：2009 年 7 月加州

讴歌 RDX

讴歌旗下的紧凑型多用途车 RDX 在 2010 年经过小改款来达到加强其竞争能力的目的。最重要的变化是 2010 款 RDX 可以选择两轮驱动版本，这是此型号诞生以来的首次，温暖地区的用户不用再选择四轮驱动版本了。由于减小了质量，因此两轮驱动的 RDX 的燃油经济性更高了。外表的改进使其更具攻击性，更加具有运动的感觉。包括更为大胆的前后保险杠设计、讴歌当前标志性的前格栅等。

技术参数

发动机	V6
排量(L)	3.7
功率(kW)	224
转矩(N·m)	366
变速器	6 速自动
0~100km/h 加速(s)	8.4
最高时速(km/h)	220

首发：2009 年 7 月加州

讴歌 MDX

2010 款讴歌 MDX 前格栅采用现在讴歌标志性的设计，前脸及发动机罩也有微小的改变，侧边门槛经过了重新设计，后保险杠角落的抛光不锈钢尾管是新的亮点，尾灯采用了更明亮的 LED 灯，还可选 19in 新 7 辐式合金轮毂。

2010 款的车内大量采用了 Milano 皮革，更细的运动转向盘拥有赛车灵感来源的换挡桨片，仪表也进行了小的改动，中控台按钮的布局也有调整以方便使用。

动力系统采用了新的 3.7L V6 发动机，能提供 V8 发动机的动力以及 V6 发动机的燃油消耗。最大功率 224kW，最大转矩 336N·m 。

Acura
讴歌

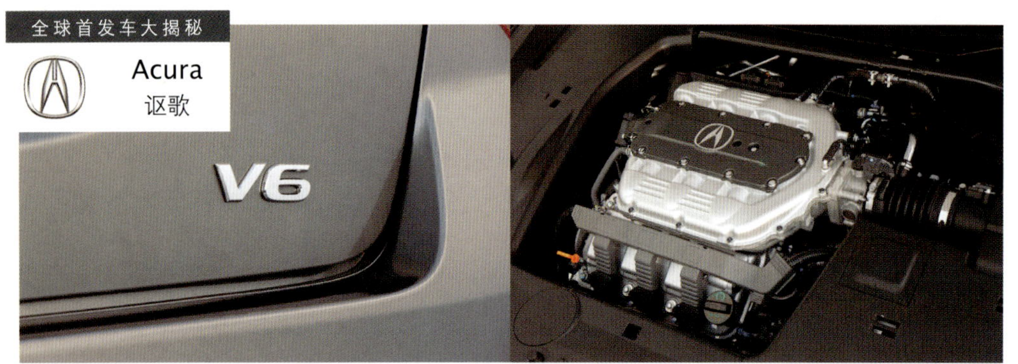

技术参数

发动机	V6
排量(L)	3.5
功率(kW)	209
转矩(N·m)	344
变速器	5速自动
0~100km/h 加速(s)	8.0
最高时速(km/h)	225

首发：2010年2月芝加哥车展

讴歌 TSX V6

2010年款的TSX，讴歌增加了一个性能版本，即一台3.5L V6发动机。现在TSX可以选择两款发动机，一款是高转速的2.4L直列4缸发动机另一款是3.5L V6发动机。后者最大功率达到209kW，转矩达到344N·m。这台V6发动机能在日常使用时提供非常流畅的转矩输出，它同时也适应加州严格的排放标准。

与这台V6搭配的是顺序式运动型5速自动变速器，以获得最佳性能和燃油经济性。平常情况下，这台变速器可全自动的应付全天候的行车，如果驾驶者需要更运动的驾驶，也可以选择转向盘后面的桨片来手动换挡。

首发：2010年4月纽约车展

讴歌 TSX Sport Wagon

2010年纽约车展，讴歌全新2011年款TSX旅行版正式发布，该车于2010年底在北美上市销售。TSX旅行版具备讴歌家族式车头设计，整体设计极为大胆前卫，具有时尚感；其极具巧思的多功能设计，在驾驶表现、燃油使用经济性、车款实用性、载物能力等面向取得绝佳平衡。TSX旅行版标配17in五辐式轮毂，动力源自2.4L i–VTEC发动机，搭配的是五速自动变速系统。其他配置包括原厂卫星导航系统、原厂即时交通系统、无线蓝牙通信、USB/AUX外部音源连接孔、顶级环绕音响等。

首发：2009年8月加州

讴歌 RL

作为讴歌的旗舰产品，RL搭载了讴歌最先进的核心技术，全新升级后的RL，凭借强劲的新式发动机、升级的智能四驱系统、大胆创新的造型和更先进的电子技术等，再次突破了运动、豪华和驾驶乐趣的极限。它搭载了讴歌有史以来最强劲的VTEC发动机——3.7L V6 VTEC发动机，能够输出高达370N·m的转矩和226kW的功率；配备了讴歌为其度身改良的SH-AWD系统，响应更快、更准确，性能更高。安全方面，RL不仅在正面、侧面碰撞测试和滚翻测试中获得了足可傲视同侪的专业肯定，而且配置了全球首创弹起式发动机罩系统等独创的安全装置，能极大地降低发生碰撞时车辆对行人的伤害，将对车辆驾驶的安全关注扩展到车内与车外的“所有人”。

首发：2010年9月加州

讴歌 TL

2010年款讴歌TL终于推出了手动挡车型。现在消费者不仅可以选择6速自动变速器、5速手自一体变速器，SH-AWD版本还可选择配备全新的6速手动变速器。这套新的6速手动变速器比上一代讴歌TL变速器系统性能更加优异。它采用更坚固的铝制箱壳和结实的内部结构，并配备特殊的挡位同步器以提升换挡平顺性，此外离合器也进行了专门的设计来匹配3.7L V6发动机的转矩输出。2010款的TL还可以选择一款3.5L发动机，其最大功率209kW，峰值转矩约344N·m。

首发：2010 年 3 月日内瓦车展

阿尔法·罗密欧 Giulietta

2010 年日内瓦车展上亮相的 Giulietta 是一款五门掀背小车，造型设计散发着意大利特有的艺术气息。前脸为阿尔法·罗密欧经典的三角盾格栅，配备 LED 日间行车灯。此外，它还有轿跑车风格的侧窗和隐蔽的后门把手。内饰以亮黑为主，细节处理多用镀铬设计。卫星导航系统位于控制台中上方，屏幕采用弹出式设计。转向盘上面装备了菲亚特 Blue & Me 娱乐系统控制按钮，中控台位置设有 DNA 系统旋钮，该系统能提供动态、普通和全天候三种模式，以适应不同的驾驶需求。全新的 Giulietta 还配备了真皮转向盘、巡航控制以及双温区自动空调等。

技术参数

发动机	直列 4 缸
排量(L)	1.75
功率(kW)	173
转矩(N·m)	300
变速器	6 速手动
0~100km/h 加速(s)	6.8
最高时速(km/h)	242

首发：2010 年 1 月都灵

阿尔法·罗密欧 MiTo for MASERATI

这是阿尔法·罗密欧为菲亚特集团的玛莎拉蒂品牌打造的一款专属特别版车型，是在欧洲范围内接送玛莎拉蒂客户的专属工作车，有相当的卖点，但不卖。这款以 MiTo 车型为蓝本打造的特别车型搭载 1.4L 涡轮增压 MultiAir 发动机，最大功率为 127kW；而为了迎合玛莎拉蒂跑车的动感形象，这款 MiTo 特别版还加装了 18in 轮毂、运动化悬架以及铝合金踏板，加上玛莎拉蒂原厂海蓝车色烤漆，MiTo 特别版十分抢眼，不过可惜的是这款车不卖。

首发：2009 年 9 月法兰克福车展

阿尔法·罗密欧 MiTo 1.4 MultiAir

搭载菲亚特集团最新专利发动机技术 MultiAir 的 MiTo 1.4L 车型将油耗和排放方面提升到一个新的层次。MultiAir 发动机控制技术是以电控液压机构取代传统的凸轮轴以及节气门设计，让发动机的进气控制，能更精密符合发动机运转的状况，以达成燃烧更精准、油耗更少、排放污染更低的目的。MiTo 所搭载的 MultiAir 1.4L 16 气门发动机，将依据涡轮增压、自然吸气以及调校的不同，推出 77kW、99kW 以及 125kW 等 3 种版本，并搭配 5 速或 6 速手动变速器。

技术参数

发动机	直列 4 缸
排量（L）	1.4
功率（kW）	125
转矩（N·m）	230
变速器	6 速手动
0~100km/h 加速（s）	7.5
最高时速（km/h）	219

Alfa Romeo
阿尔法·罗密欧

首发：2009年9月法兰克福车展

阿尔法·罗密欧 MiTo Quadrifoglio Verde

Quadrifoglio Verde 特别版是阿尔法·罗密欧车型的一个传统，很多车型都拥有这个名称的特别版本，其四叶草标志预示着这台车拥有更出众的性能及操控。MiTo 的 Quadrifoglio Verde 版本采用了功率最强劲的 125kW MultiAir 发动机，这是全球单位输出功率最高的发动机之一。除了优秀的动力表现之外，细节上的表现也赋予 Quadrifoglio Verde 特别版不同的身份，包括极具现代感的仪表板，白色的背景光等进一步突显出汽车的技术特点。

技术参数

发动机	直列4缸
排量(L)	1.4
功率(kW)	125
转矩(N·m)	230
变速器	6速手动
0~100km/h 加速(s)	7.5
最高时速(km/h)	219

首发：2009年7月意大利撒丁岛

阿尔法·罗密欧 Brera Italia Independent

阿尔法·罗密欧联合意大利著名的时装品牌 Italia Independent 在撒丁岛 Porto Cervo 发布了一款 Brera 车型的特别版本，并命名为“Brera Italia Independent”，该版本仅在欧洲、日本和澳大利亚限量发售 900 辆。搭载 2.2L 四缸 JTS 发动机，最高功率达到了 135kW，而 3.2L JTS V6 发动机可以输出 194kW 功率，另外 V6 版本还将采用全轮驱动系统。这款车外形上的升级包括车身钛金属漆、18in 合金轮毂以及新款制动卡钳，内饰则增加了一些碳纤维材质，并采用了真皮座椅。

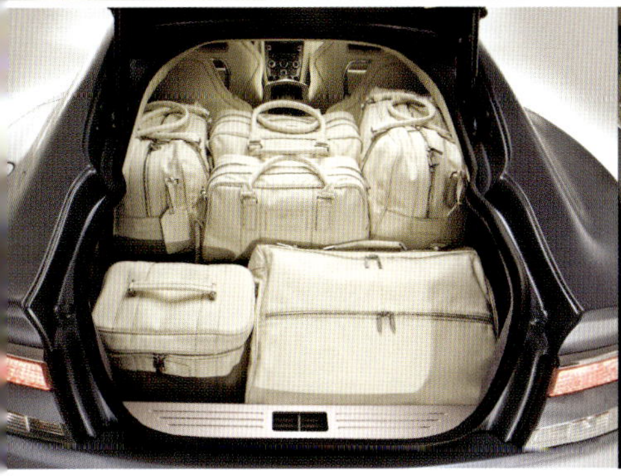

首发：2009 年 9 月法兰克福车展

阿斯顿·马丁 Rapide

阿斯顿·马丁在 2009 年的法兰克福汽车展推出了优雅的 Rapide，该车实用而又豪华，提供多达四位成人的空间，拥有与所有阿斯顿·马丁车同样迷人的驾驶体验。

Rapide 的后排环境经过了智能化包装，让乘客能享受到清晰的前部和侧面视野。两个手工制造的单独座位能为后座乘客提供良好的支撑和舒适度。行李舱能满足日常使用的需求，包括一个可移动的间隔壁，能够从行李舱将行李放入。另外，只要轻按一个按钮，后座就可以折叠倒下，提供一个完全平坦的装载空间，将行李舱从 301L 增大到 750L。

Rapide 搭载一台手工打造的 6.0L V12 发动机，最大功率 350kW，转矩达到 600N·m。一个特别调校的 6 速 Touchtronic 2 型自动变速器，作为标准配置，让驾驶者可以通过安装于转向柱上的镁质拨杆，进行自动或者手动换挡。

技术参数

发动机	V12
排量(L)	6.0
功率(kW)	350
转矩(N·m)	600
变速器	6 速自动
0~100km/h 加速(s)	5.3
最高时速(km/h)	296

首发：2010年3月日内瓦车展

阿斯顿·马丁 DBS UB-2010

为纪念公司首席执行官贝兹博士任满10周年，阿斯顿·马丁特别推出了DBS UB-2010限量版车型，该车型仅限量发售40辆，Coupe车型和Volante车型各20辆。为了将全新工厂定制服务优势发扬光大，每辆DBS UB-2010都由贝兹博士亲自指定定制方案，车辆采用独特的矿石黑烤漆、铜色皮革内装、内嵌编织皮革座椅和"Cryptic Titan"仪表板装饰。每辆车的"UB-2010"迎宾踏板上都有贝兹博士的亲笔签名，以及贝兹博士在40辆车上一一签名通过的最终验收合格牌。

首发：2010年3月日内瓦车展

阿斯顿·马丁 Cygnet

2010年日内瓦车展上，阿斯顿·马丁发布了一款基于丰田IQ的概念车：Cygnet。这款车是由阿斯顿·马丁与丰田合作开发，融合了阿斯顿·马丁经典的设计元素，包括进气格栅、车门把手、尾灯和排气管等。在车内，Cygnet采用亮黑与红色相间的内饰，配备高级真皮座椅。动力搭载一款来自丰田的1.33L双VVT-i发动机，最大输出功率为74kW。配备发动机停车/起步系统，油耗为5.1L/100km，二氧化碳排放量仅为120g/km。

首发：2009 年 12 月沃里克郡

阿斯顿·马丁 DBS Carbon Black

自投放市场以来，DBS 销量已超越所有人的预期，为此阿斯顿·马丁给这款令人赞口不绝的车型增添了不少朴素而典型的特色。包括采用专门定制的炭黑金属漆，这种漆由精细的金属漆特殊研制而成，以产生深厚的氧化膜。每辆车都需要花费 50h 进行人工涂漆，再通过一道道极为严格的检查工序来保证质量。车内采用黑曜岩色真皮装饰，衬以银色粗缝线。轻质座椅由碳纤维和凯夫拉尔纤维制作而成，与标准座椅相比质量减少了 17kg。这款限量版车型还拥有钢琴黑仪表板饰件、中央储物箱和中央控制台、电镀黑色防滑板以及独特的碳纤维主题门槛饰板。

首发：2009 年 12 月沃里克郡

阿斯顿·马丁 V12 Vantage Carbon Black

为庆祝 V12 Vantage 跑车自推出以来取得出人意料的巨大销售成功，首辆 V12 Vantage 炭黑特别版在 2010 年日内瓦车展展台上隆重登场。针对这款广受赞誉的车型，全新特别版增添了独特的低调风格。这款特别版跑车以定制的炭黑金属漆着称，为创造出深邃而饱满的光泽效果，设计中还特别融入了精妙的金属色泽变化。每辆车均采用手工喷漆，需花费 50h，并经过严格的质量检验。标志性的阿斯顿·马丁侧板采用黑色网状结构支撑的碳纤维材质，并配有高亮度石墨黑 10 辐合金轮毂闪光点缀。明亮的抛光格栅和前泊车传感器（通常为选件）使外部细节设计尽善尽美。

Audi
奥迪

技术参数

发动机	直列 4 缸
排量（L）	1.2
功率（kW）	63
转矩（N·m）	160
变速器	5 速手动
0~100km/h 加速（s）	11.7
最高时速（km/h）	180

首发：2010 年 3 月日内瓦车展

奥迪 A1

全新的奥迪 A1 在 2010 年日内瓦车展上全球首发。A1 的外型设计继承了 2007 年推出的 A1 project quattro 概念车的精髓，重新设计的单幅进气格栅、LED 日间行车灯、包围式腰线设计以及充满科技感的立体 LED 尾灯，使奥迪 A1 处处散发着迷人的动感气质与活力。为了彰显用户的独特个性，奥迪 A1 在车顶两侧采用了与车身颜色对比明显的银色拱形设计，配合 coupe 风格的 C 柱造型，形成了极具个性与运动的外观特征。

首先推出的奥迪 A1 提供 1.2L 和 1.4L 汽油发动机和 2 款不同功率的 1.6L 柴油发动机，4 款发动机全部采用奥迪领先的缸内直喷和涡轮增压技术，动力范围从 63~90kW 不等。根据不同发动机类型，奥迪 A1 提供 5 速手动、6 速手动和同级别车型独有的 7 速 Stronic 双离合变速器三种选择。

首发：2010 年 3 月日内瓦车展

奥迪 A1 e-tron

奥迪 A1 e-tron 概念车是一款为未来都市驾驶而生的纯电动环保车型，开创了全新的 MCV 都市之车概念（Mega City Vehicle）。与 e-tron 家族中的运动车型相同，这款车也是依靠电力驱动，输出功率达 75kW，在市区的行驶里程可超过 50km。行驶过程中当蓄电池的电能耗尽时，A1 e-tron 将通过一个非常紧凑的里程延伸器对蓄电池重新充电。该延伸器由一个单转子回转式内燃机和一个充电功率高达 15kW 的发电机组成，可使 A1 e-tron 的行驶里程再增加 200km。A1 e-tron 平均耗油量仅为 1.9L/100km，二氧化碳排放低至 45g/km。

首发：2010 年 3 月日内瓦车展

奥迪 TTS

2010 款奥迪 TTS 仍采用 2.0L TFSI 发动机，最大功率 200kW，最大转距 350N•m，0~100km/h 加速只需要 5.2s，油耗仅为 7.7L/100km。18in 合金轮毂和奥迪电磁自适应悬架仍为标准配置，新车较之前款低了 10mm，前格栅也有略微的细节修改。2010 年 TTS 有新的颜色加入阵容，包括黑色和水晶效果色，与之配合的内饰色也有银色和黑色。氙气前照灯和 LED 日间行车灯现为标准配置。

首发：2010 年 9 月巴黎车展

奥迪 e-tron Spyder 概念车

这是奥迪 e-tron 概念车的第三个版本，前两款概念车使用纯电动技术。而在巴黎车展推出的 e-tron Spyder 使用了插电式柴油混合动力系统，该系统通过一台双涡轮增压 TDI 柴油发动机驱动后轮，两台电动机驱动前轮。该车与底特律车展上推出的车型尺寸相仿，长度和宽度分别比全电动版多出 13cm 和 3cm。

首发：2010 年 9 月巴黎车展

奥迪 quattro 概念车

为了庆祝 quattro 技术诞生 30 周年，奥迪在 2010 年巴黎车展中全球首发 quattro 概念车。该概念车配备了具有传奇色彩的直列 5 缸发动机，这款强劲的动力系统经过重新调教可迸发出惊人的动力，最大可输出 300kW 功率、480N·m 转矩，0~100km/h 加速仅需 3.9s。quattro 概念车采用新的四轮驱动系统，包括冠状齿轮自锁式中央差速器和转矩分配器。

首发：2009 年 9 月法兰克福车展

奥迪 e-tron 概念车

奥迪 e-tron 每个车轮单独配备了一台驱动电动机，对称的布局在实现理想车身负载分配的同时达到了绝对意义的四轮驱动效果，也使对转向过度或不足的控制不再局限于制动。在性能表现上，能量惊人的高性能锂蓄电池能够驱动 e-tron 行驶 248km，在起动瞬间即爆发出 230kW 最大功率，最大转矩更达到惊人的 4500N·m。如此强大的转矩输出让 12 缸汽油发动机也相形见绌。e-tron 由静止加速到 100km/h 仅需 4.8s，60~120km/h 的加速时间为 4.1s。

首发：2010 年 1 月底特律车展

奥迪 e-tron Detroit 概念车

继 2009 年法兰克福车展上展出 e-tron 概念车后，奥迪又在几个月后的北美车展上展出了基于四驱概念车 e-tron 的后驱概念车：e-tron Detroit。虽然去掉了两个电动机，但这台概念车仍表现出令人过目不忘的性能，它的 0~100km 加速仅为 5.1s，最大行驶里程 250km。

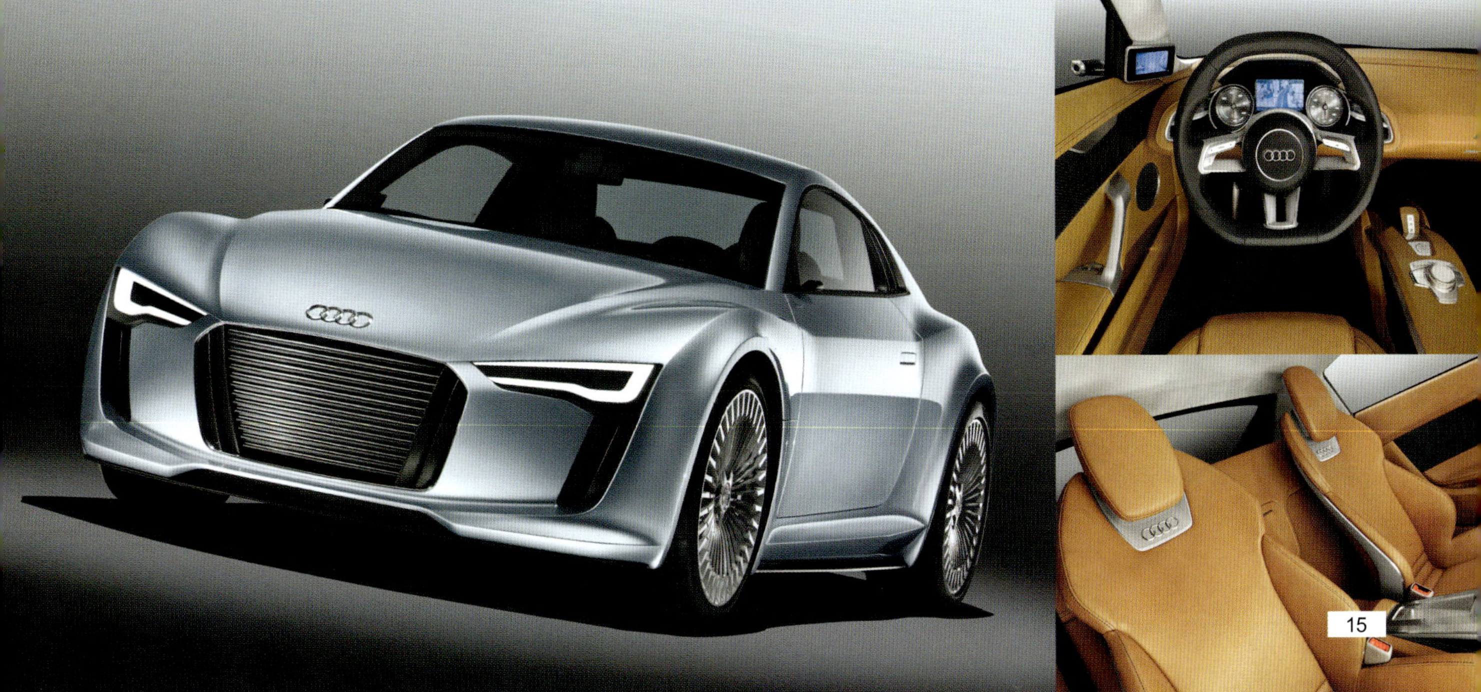

首发：2010年4月北京车展

奥迪 A8 L

在2010年北京车展上，奥迪全球首发了新的A8 L。字母L是长轴距的意思，代表着更宽敞，更大气，特别适合中国用户对豪华车后排空间的特殊需求。A8 L长5267mm，轴距3122mm，为后排乘客提供了极为奢华的舒适空间；作为代表奥迪顶尖设计与科技实力的旗舰车型，奥迪A8 L采用了全LED灯设计，再次引领了汽车设计的潮流；经过重大改进的MMI多媒体交互系统以其革命性的手写板设计和无与伦比的人机互动功能，带给驾驶者全新的人性化科技体验；奥迪安全预警系统技术通过对危险情况进行分阶段评估，可最大程度地帮助驾乘者实现安全行驶。

首发：2010年3月日内瓦车展

奥迪 A8 Hybrid 概念车

奥迪A8 Hybrid概念车装配有两个动力装置，即2.0 TFSI发动机和电动机，组合输出功率为180kW，转矩为480N·m，出色的性能可以与装配大排量传统六缸发动机的车型相媲美。A8 Hybrid概念车是一款完全混合动力车型，其汽油发动机和电动机可以分别单独驱动，也可以协作运行。强劲的电动机集成在功率为155kW的四缸汽油发动机和8速手自一体变速器之间，将动力传动系统的功率增加了33kW，同时将转矩提高了211N·m。该原理非常高效，能够避免不必要的摩擦和功率损失。

首发：2009年11月迈阿密

奥迪 A8

2009年11月，奥迪在迈阿密正式发布了全新一代的A8。新A8使用全铝车身架构，其车身刚度提高了20%左右，与传统的钢材架构相比，车身质量更轻。外表方面依然使用家族式大嘴进气格栅，前照灯造型变化很大，引入了全新LED日间行车灯，LED日间行车灯几乎覆盖了前照灯60%的面积，由22颗白光LED灯以及22颗黄光LED灯构成。内饰中也有许多LED的运用，而且许多LED灯都有两到三种的颜色，由MMI系统进行控制，可以让车内氛围不断变化。新A8传动装置在同级中处于领先水平，电子控制8速自动变速器与Quattro恒时全驱技术为标准配置，另外还配置了运动的差速器。

首发：2009年9月法兰克福车展

奥迪 S5 Sportback

奥迪 S5 Sportback 是奥迪全新 Sportback 系列的高性能车型。这款高雅的 5 门轿跑车由一款采用机械增压技术的 3L V6 发动机驱动，能够提供 245kW 的功率，440N·m 的转矩输出。S5 Sportback 从静止加速到 100km/h 只需 5.4s 左右，最高车速为 250km/h。9.7L/100km 的平均油耗使这款车成为同等级别车型中的节油冠军。在传动系统方面，奥迪 S5 Sportback 同样出类拔萃：7 速 S tronic 双离合变速器和 quattro 全时四轮驱动系统均为标准配置。同时奥迪还提供运动型差速器作为选装配置，以实现前后轮间动力的主动分配。

首发：2010年3月日内瓦车展

奥迪 RS5 Coupe

作为奥迪高性能运动车型，RS5 Coupe 的上市进一步展现了奥迪品牌的动感魅力。其流畅的车身造型蕴含优雅高贵的气质。动力方面，RS5 Coupe 搭配 4.2L V8 燃油直喷发动机，最大功率高达 331kW，最大转矩 430N·m。配合 7 速 S tronic 双离合变速器以及优化的 quattro 全时四轮驱动系统，RS5 Coupe 从静止加速到 100km/h 仅需 4.6s，强劲而高效的动力传动系统为驾驶者提供充满运动激情的驾驶体验。

首发：2009 年 6 月勒芒 24 小时耐力赛

奥迪 R8 e-tron

经过概念车的演化之后，奥迪在 2010 年 6 月的勒芒 24 小时耐力赛上正式展出了 R8 e-tron 车型。R8 e-tron 搭载了4台电动机，前后轮轴上分别安装有两台电动机，使得 R8 e-tron 成为一款真正的 Quattro 全时四驱车型。该车配备一台 53kW 锂蓄电池和每台输出功率为 58kW 的电动机，转矩为 1124N·m，虽然 4 台电动机总的转矩达到惊人的 4496N·m，但在实际驾驶环境中的峰值转矩为 680N·m。

首发：2009 年 9 月法兰克福车展

奥迪 R8 Spyder 5.2 FSI quattro

R8 Spyder 5.2 FSI quattro 采用了奥迪敞篷车型经典的布质软顶结构，质量仅为 30kg 的布质车顶可以明显降低车身重心提供更高驾驶极限。不论车顶处于开启和关闭状态均展现出极具个性的动感造型。R8 Spyder 5.2 FSI quattro 以时尚的造型和卓越的性能为超级跑车的爱好者提供了更加愉悦与个性化的驾乘体验。

首发：2010 年 9 月巴黎车展

奥迪 R8 GT

GT 版本的奥迪 R8 搭载原来的 V10 发动机，功率从 391kW 提升至 418kW，除了发动机性能的提升以外，奥迪 R8 GT 更多的工作投入到减轻车重上面，在成功减少了约 100kg 的质量之后，R8 GT 仅重 1525kg。现在，R8 GT 能在 3.6s 内完成从静止到 100km/h 的加速，最高时速则达到了 320km/h，标准版的 R8 则为 313km/h。

为了达到轻量化的目的，奥迪 R8 GT 的前风窗玻璃采用超薄的玻璃，车身两侧的车窗、隔离座舱和发动机玻璃盖均采用超轻且耐用聚碳酸酯材料，减少了 9kg。另外，奥迪还在 R8 GT 上大量运用超轻的铝材，新尾翼全部采用加强型塑料，对车身轻量化有着极大的效果。最成功的一处还是要数新装备的桶型座椅了，该座椅采用玻璃纤维增强塑料，仅座椅就少了 31.5kg。

奥迪 R8 GT 保持了标准版 R8 超低的 0.36 风阻系数，位于保险杠下方的前翼和两侧裙边均采用碳纤维，外后视镜更加小巧，进气格栅和保险杠也都经过了重新升级。为了表达该车不可多得的特点，全球限量仅 333 台。

技术参数

发动机	V10
排量（L）	5.2
功率（kW）	412
转矩（N·m）	540
变速器	6 速顺序手动
0~100km/h 加速（s）	3.6
最高时速（km/h）	320

首发：2009 年 8 月慕尼黑当代艺术中心

奥迪 A7

全新奥迪 A7 在外观上延续了奥迪品牌的家族传统设计，整体线条流畅，车尾是整台车的亮点，采用了掀背式设计，而非竞争对手的纯 Coupe 设计。A7 全长 4.97m、宽 1.91m、高 1.42m，拥有长发动机罩、短前悬垂、长轴距等显著特点。内饰部分奥迪 A7 采用全新设计，“四周环绕”的设计理念继全新 A8 后再次登场。另外，A7 的车内还大量地采用了桃木修饰，并采用分层设计，看起来更显档次。先进的 MMI 多媒体交互系统也经过了新的设计，菜单更加的简洁，并且按键大大减少，方便用户使用。

上市初期，A7 提供 4 款 V6 发动机供选择，包括 3.0 TDI，最大功率 150kW，二氧化碳排放仅 139g/km，油耗 5.3L/100km，另一款柴油发动机功率为 200kW；汽油发动机方面，2.8 FSI 最大功率 150kW，转距 280N·m，搭配 Stronic 变速器，0~100km/h 加速仅需要 8.3s。另一款 3.0 TFSI，最大功率 220kW，最大转矩 440N·m。

技术参数

发动机	V8
排量(L)	6.75
功率(kW)	377
转矩(N·m)	1020
变速器	ZF 8 速自动
0~100km/h 加速(s)	5.3
最高时速(km/h)	296

首发：2009 年 8 月卵石湾(Pebble Beach)汽车巡展

宾利 慕尚 Mulsanne

宾利全新的慕尚融入了运动元素，车身优雅、稳固，设计独一无二。慕尚沿袭了宾利 20 世纪 50 年代的 S 型设计特点，正面采用了大胆设计，最突出的仍然是宾利传统的矩阵格栅，抢眼而经典的圆形大灯，用铬合金饰条包围，两侧各一个小圆灯，所有这一切体现了最新的照明技术。

长长的发动机罩加上短前悬和长后悬，传递着力量与运动感，后腰线上抬的肌肉感设计，加上清晰的线条，从前向后优雅延伸，更加加强了运动的感觉。设计独特的 20in 轮毂(可选 21in)，使慕尚的力量和运动感得到了加强。

慕尚的豪华内饰采用了最新汽车技术。车上配有 60GB 硬盘，装有多媒体系统，包括卫星导航、音频 / 视频、个人资料、电话和蓝牙。

慕尚 6.75L V8 发动机的功率达 377 kW，巨大的转矩达到 1020N·m。从略高于怠速到超转速范围的整个转速范围内转矩都十分的充沛，只需轻点加速踏板，随着 V8 发动机的特色低吼，即可获得惊人的加速度。

首发：2010 年 8 月卵石湾（Pebble Beach）汽车巡展

宾利 欧陆 GTC/GTC Speed 80-11 Editions

宾利在车展上专为北美市场打造的这款 GTC/GTC Speed 80-11 Editions，其数字的含义为限量 80 辆的 2011 年款车型。该车采用了 20in 的 14 辐合金轮毂、红色的制动卡钳、80-11 Editions 的迎宾踏板，以及限量版专属的“午夜”车身颜色。

动力方面搭载 6.0L W12 双涡轮增压汽油发动机，最大功率分别为 GTC 的 412kW/650N·m 与 GTC Speed 的 449kW/750N·m，0~100km/h 加速少于 4.8s、最高时速超过 305km/h。另外，这 2 款车还可以采用 E85 生物燃料，为环保做出贡献。

首发：2010 年 8 月中东市场

宾利 欧陆 飞驰 / 飞驰 Speed Arabia

为了回馈中东车主们的慷慨，宾利特别为中东市场推出了两款欧陆飞驰的限量版。分别为欧陆飞驰以及飞驰 Speed “阿拉伯”版，共计 50 辆。装饰方面，除了带有“阿拉伯”字样的迎宾踏板以外，欧陆飞驰还采用了 14 辐钻石风格轮毂，而欧陆飞驰 Speed 则采用 20in 10 辐轮毂。动力方面搭载 6.0L W12 双涡轮增压汽油发动机，最大功率分别为欧陆飞驰的 412kW/650N·m 与欧陆飞驰 Speed 的 447kW/750N·m，0~100km/h 加速少于 4.8s、最高时速超过 320km/h。

首发：2010年9月巴黎车展

宾利 欧陆 GT

2010年9月，宾利全球首发第二代欧陆GT。相比于前款车型，新欧陆GT在外观上有较大的改动，经过重新调校的W12发动机也更加强劲有力。另外，2011年，宾利还将推出搭载4.0L V8发动机的欧陆GT。新欧陆GT采用了6.0L W12发动机，最大功率423kW，峰值转矩699N·m，比前款分别提高了11kW和50N·m。改进后新车0~100km/h加速时间为4.5s，提升了0.2s，最高时速可达319km/h。

首发：2010年3月日内瓦车展

宾利 欧陆 Supersports 敞篷车

继2009年推出欧陆Supersports轿跑车之后，欧陆Supersports敞篷车使宾利超级跑车系列更趋完善。同样搭载了463kW双涡轮增压W12发动机的Supersports敞篷车是宾利旗下车速最快、动力最强劲的车型。新车无论是在设计上，还是在制造工艺上都独具宾利特色，其内饰更是对宾利奢华的生动诠释。缎面处理碳纤维，配合Alcantara材质和“软握”皮革，共同营造了具有独特运动气息和当代风格的车内氛围。

首发：2010 年 4 月北京车展

宾利 欧陆 GT Design Series China

2010 年北京车展上首次亮相的欧陆 GT Design Series China，以色彩鲜明、别具一格的车厢设计为特色，充分显示宾利汽车的造型设计师与色彩设计师们的非凡创作才华。

欧陆 GT Design Series China 系列采用三色内饰设计，大面积皮革材料的颜色辅以不同颜色的镶嵌条和真皮滚边，使得整个车内环境呈现出强烈的视觉冲击力，为车主和乘客带来绝美的享受。设计师们巧妙又大胆地运用了对比强烈的颜色，并在安全带、地毯、座椅甚至手工缝制的转向盘等最微小细节处也精心选用了富有创意的第三色真皮缝线，使得这些宾利轿跑车的形象更加引人瞩目。

欧陆 GT Design Series China 中，宾利首次尝试采用橙色和洋红色车身外漆，包括充满动感的火焰橙（Orange Flame）及洋红紫（Magenta Metallic），为低调的欧陆 GT 带来充满力量的新外观。

除了在车内皮革上采用了独具创意的三色内饰设计之外，宾利造型设计团队为内饰所选择的木饰也非常引人注目，包括黑钢琴木和深胡桃木。另外，珍贵非常的安波那木饰面（Amboyna），也被独具匠心地选用在部分的欧陆 GT 极致系列车型上。

欧陆 GT Design Series China 主题元素的运用更是让这款轿跑车显得与众不同。车身前翼子板的徽章、门边踏板以及放置在中控台上的徽章都刻上“Design Series China”字样。

首发：2010 年 4 月北京车展

宾利 欧陆 飞驰 Speed China

同样于 2010 年北京车展上亮相的欧陆飞驰 Speed China 采用经特别调校以舒适主导的悬架装置，让车主及乘客在行驶过程中享受到更美妙的驾乘体验，却丝毫不影响其 6L W12 缸发动机的顶级强大性能。最高时速可达 322km/h，仅需 4.8s 便即可实现时速 0~100km/h 的加速。

在这款新车型上，依旧保留原来欧陆飞驰 Speed 特有的 20in 多辐式运动轮毂，让轿车的运动特性发挥得淋漓尽致。与此同时，欧陆飞驰 Speed China 还在其他方面进行改良，例如经优化的排气管，使排气声音比以往更柔和畅顺及宁静。

宾利一直以营造优雅精致的豪华氛围而著称，在这款新车型上也不例外。欧陆飞驰 Speed China 在细节上处处突出了特别版轿车的尊贵地位——迎宾踏板、前翼子板及中控台上均镶嵌刻上“Speed China”字样的徽章；两边车身 C 柱位置，后排座椅特别定制的真皮抱枕，均有宾利的标志图案；每辆欧陆飞驰 Speed China 还配衬了别出心裁的钥匙收藏盒供车主优雅地置放于家中或办公室内。

首发：2009 年 9 月法兰克福车展

宝马 5 系 Gran Turismo

宝马再次开创了一个全新的汽车细分市场。宝马 5 系 Gran Turismo 在 2009 年法兰克福车展上全球首发，成为了此次车展上的一大亮点。它以真正独一无二的方式将优雅、空间、舒适、功用 4 种特性完美地融为一体，将声誉卓著的豪华轿车、现代时尚的运动型多功能车，以及经典隽永的 Gran Turismo 三款车型的独特优越性集于一身。最初上市的有 V8 和直 6 两款发动机供选择，功率分别为 300kW 和 225kW，转矩分别为 600N·m 和 400N·m。

首发：2009 年 9 月法兰克福车展

宝马 X1

X1 作为又一个创新的车型概念，扩充并增强了宝马 X 家族的阵营。宝马 X 车型的功能与特点第一次以一种年轻时尚的风格移植到一款独特的紧凑型高级汽车上。根据具体的车型，驾驶者可获益于一系列的宝马高效动力功能，包括动力强劲、经济节油与低排放的汽油机和柴油机、制动能量回收系统、宝马 xDrive 智能全轮驱动技术等。全新 X1 目前提供 4 种发动机供客户选择，包括：X1 xDrive28i，X1 xDrive23d，X1 xDrive20d，X1 sDrive20d。这些发动机均达到欧 5 排放标准。

技术参数

发动机	直列 4 缸
排量（L）	2.0
功率（kW）	110
转矩（N·m）	200
变速器	6 速手动
0~100km/h 加速（s）	9.7
最高时速（km/h）	202

首发：2009 年 9 月法兰克福车展

宝马 Vision Efficient Dynamics 概念车

宝马 Vision Efficient Dynamics 概念车的混合动力系统由一台 1.5L 直列三缸涡轮增压柴油机和两台电动机组成，峰值功率达到 265kW，转矩 800N·m。与六前速 DCT 双离合器变速器搭配后，这款概念车能在 4.8s 内从静止加速到 100km/h，最高时速被电脑限定在 250km/h，按照欧盟标准测得燃油消耗为 3.76L/100km，仅排放 99g/km 二氧化碳。

作为插电式混合动力系统，宝马 Vision Efficient Dynamics 具有纯电动模式，如果将发电时产生的二氧化碳考虑进来，那么在电动模式下的排放量为 50g/km。制动能量回收装置也能对蓄电池组充电，这没有产生任何形式的燃油消耗和尾气排放。电能储藏在 98 个蓄电池单元构成的锂蓄电池组中，容量为 10.8kWh。在纯电动模式下，能够实现 50km 的续航能力。

首发：2010 年 1 月北美车展

宝马 Concept ActiveE 概念车

宝马 Concept ActiveE 概念车，由一个全新的、特别为此款汽车研发的同步电动机驱动。它的最大输出功率为 125kW，最大转矩 250N·m，不仅像典型的电动机特性一样，从静止起动时就可获得最大转矩，而且可以在一个极宽的负载范围内保持。宝马 Concept ActiveE 所采用的驱动技术的其他特点包括：轻量化构造以及所有部件的布局优化。电动机被完全内置于后轴；而电动机控制单元被放置于电动机的顶部；在内燃机汽车上被常规驱动系统和油箱所占据的位置，现在被用于放置储能系统（蓄电池）。

BMW
宝马

首发：2009年9月法兰克福车展

宝马 高效混合动力 7 系

全新宝马高效混合动力 7 系的动力系统，包括一台具有双涡轮增压技术、HPI 高精度直喷系统的 V8 汽油动力单元和一台 3 级同步电动机，动力系统总共可以提供 342kW 的输出功率和 700N·m的强大转矩。这种采用中度混合动力技术的智能组合显著提高了这款豪华轿车的效率和动态性能。宝马高效混合动力 7 系从静止加速到 100km/h 只需 4.9s，最高车速由电子限速器控制在 250km/h。同时，在欧盟标准测试循环中，综合耗油量仅为 9.4L/100km，比同排量汽油动力的宝马 750Li 降低达 17%，二氧化碳排放量为 219g/km。

首发：2009年9月法兰克福车展

宝马 高效混合动力 X6

宝马高效混合动力 X6 采用双模全混合动力技术，动力系统由一台具有宝马双涡轮增压技术、HPI 高精度直喷技术、输出功率为 300kW 的 V8 发动机以及两台输出功率分别为 67kW 和 63kW 的电动机组成，最大输出功率高达 357kW，峰值输出转矩为 780N·m，这使得宝马高效混合动力 X6 成为世界上最强劲的混合动力车辆，同时在性能和燃油经济性之间达到最佳平衡。车辆从静止加速到 100km/h 仅需 5.6s，按欧 5 标准循环测得的综合耗油量为 9.9L/100km，较汽油动力的宝马 X6 xDrive50i 降低近 20%，二氧化碳额定排放量为 231g/km。

技术参数

发动机	V8
排量（L）	4.4
功率（kW）	300
转矩（N·m）	600
变速器	7速自动
0~100km/h 加速（s）	5.6
最高时速（km/h）	236

首发：2010 年 1 月北美车展

宝马 Z4 sDrive35is

纯正的跑车比例经现代风格的演绎，加上出色的驾驶动态，造就了全新宝马 Z4 sDrive35is。最大输出功率为 250kW 的直列 6 缸双涡轮增压发动机，搭配高精度直喷系统，以及选装的 7 挡运动型双离合自动变速器，成就了宝马双门跑车中最新、最强劲的车型，0~100km/h 加速仅需 4.8s。得益于宝马高效动力战略，宝马 Z4 sDrive35is 实现了更出色的动力和性能，在欧盟标准循环测试中的综合油耗仅为 9.0L/100km。

技术参数

发动机	直列 6 缸
排量（L）	3.0
功率（kW）	225
转矩（N·m）	400
变速器	6 速手动
0~100km/h 加速（s）	5.2
最高时速（km/h）	250

首发：2010 年 3 月日内瓦车展

宝马 X5

将宝马典型的驾驶乐趣在运动型多功能车中进行出色的演绎：全新宝马 X5 完美结合了极致的运动特性，更高的效率以及更出色的豪华性。最高配置的全新宝马 X5 xDrive50i 配备了 V8 双涡轮增压发动机，最大输出功率达 300kW。宝马 X5 xDrive30d 装备直列六缸柴油发动机，在欧盟标准循环测试中，综合油耗仅为 7.4L/100km。

在设计方面，全新宝马 X5 做了部分改进，以纯粹的风格凸显了其更加强劲的动态性能。而驾驶辅助系统的不断丰富，展现了全新宝马 X5 的创新特性。

技术参数

发动机	V8
排量（L）	4.4
功率（kW）	300
转矩（N·m）	600
变速器	8 速自动
0~100km/h 加速（s）	5.5
最高时速（km/h）	240

BMW
宝马

首发：2010 年 3 月日内瓦车展

宝马 3 系双门轿跑车及敞篷轿跑车

全新宝马 3 系双门轿跑车和敞篷轿跑车经过精心的设计改进，融合了运动、优雅外观，高效的发动机和创新的功能，为驾驶者带来更优越的驾驶体验。

全新宝马 3 系双门轿跑车及敞篷轿跑车均在 2010 年日内瓦车展上首次亮相。其中，宝马 318i 双门轿跑车及敞篷轿跑车作为入门级车型将在德国市场上推出，这两款车均装备了 2.0L 4 缸汽油发动机，采用高精度直喷系统以及稀薄燃烧技术，最大输出功率达 105kW。

首发：2010 年 9 月巴黎车展

宝马 Concept 6 Series Coupe 概念车

以概念车身份首先登场的宝马全新 6 系轿跑车终于亮相于巴黎车展，该车的整体设计源于 2010 年北京车展上露面的 Gran Coupe 概念车。肾形的前格栅更大，无论是远光灯还是近光灯都采用 LED，20in 的轮毂看起来更具跑感，外形优雅而不失动感。

车内是不会弄错的宝马驾驶员导向风格的内饰设计。采用双色调修饰，加装了木饰板。中控台有 10.2in 的显示屏，并配有顶级的 Bang & Olufsen 音响系统。该车的量产版有望在 2011 年上市销售。

首发：2010 年 3 月日内瓦车展

宝马 新 5 系

全新一代宝马 5 系轿车在美学设计、驾驶乐趣和效率方面都再次在中高级豪华轿车细分市场上设立了新的基准。它完美结合了出色的运动特性和卓越的整体舒适性，为用户带来独特的驾驶体验。

全新宝马 5 系轿车目前共有 6 款汽油发动机车型，动力输出范围从 150~300kW 不等。值得一提的是全新宝马 520d 配备的 4 缸柴油发动机，动力输出为 135kW，再次提高了同级车标准，并超越前一代车型成为该细分市场中最高效的车型。

首发：2010 年 4 月北京车展

宝马 新 5 系长轴距版

为中国市场量身定制的全新 5 系长轴距版在 2010 年北京车展上亮相。这款加长的轿车与第六代宝马 5 系共同研发，提供了卓越的商务空间。内饰设计优雅、现代，驾驶感受仍是典型的宝马驾驶乐趣。新车轴距加长了 14cm，为后座提供了更大的空间。在尺寸宽敞的后部空间里，全新宝马 5 系长轴距版在标准配置中提供了一系列出众的设备和功能，在为乘客提供更大的舒适感受的同时，也营造出一个舒适的商务空间和移动办公室。

首发：2010 年 4 月莱比锡车展

宝马 新 5 系旅行车

紧随着全新 5 系发布的 5 系旅行车版除了在尾部增加了更大的空间外，并没有在外观上作出更多的改变。新车尺寸长 x 宽 x 高分别为 4907mm x 1860mm x 1462mm，轴距为 2968mm，除了车长略增了 8mm 外，其他尺寸基本都同新款 5 系一致。虽然尺寸参数看起来变化不大，但作为旅行车，新 5 系旅行版的行李舱空间有着大幅的增加，通常情况下行李舱空间为 560L，通过新设计的后排座椅 40 ：20 ：40 折叠方式，新车最大的行李舱空间可达 1670L。

首发：2010 年 3 月日内瓦车展

宝马 Concept 5 ActiveHybrid

宝马 Concept 5 ActiveHybrid 概念车的驱动系统由装备 TwinPower Turbo 的直列 6 缸汽油发动机、8 挡自动变速器和电驱动系统构成。搭配“传统”燃油发动机的宝马轿车本已效率极高，而在采用宝马 ActiveHybrid 技术后，油耗和排放又降低 10% 之多。与此同时，电动机提供的强大功率可以支持汽油发动机，从而产生极富动感的驱动力，为驾驶者带来更加运动的驾驶感受。首辆基于新一代宝马 5 系轿车研发的概念车向观众展示了下一代宝马 ActiveHybrid 技术。这项宝马针对中高级运动轿车所独创的技术方案可以智能地协调内燃发动机和电动驱动系统之间的运作。

首发：2010 年 4 月北京车展

宝马 Concept Gran Coupe 概念车

Concept Gran Coupe 概念车是宝马公司对未来 4 门轿跑车的一次设计习作，它的车身设计体现了极致的运动特质。这辆 4 门概念车以其优雅的设计、流畅的轮廓以及近似于轿跑车的车身比例彰显卓越的动态性能。整个车身长度近 5m，造型设计以流畅的线条为主，体现出车辆卓越的空气动力学特性。概念车的格栅较为修长，错落有致的侧视效果凸现了对细节的重视。近 1.4m 的车身高度造就了充满运动感的低矮侧影。车顶线条从前往后逐渐降低，使得车身比例显得更加修长。向前倾斜的鲨鱼状发动机盖拉长了车辆前部的视觉效果，形成宝马典型的车身比例和前冲的动感。

首发：2010 年 9 月巴黎车展

宝马 X3

全新第 2 代宝马 X3 依旧采用现在的 3 系平台制造。在尺寸方面，新 X3 比上一代加长 83mm，加宽 29mm，加高 40mm，轴距加长了 15mm，使后排腿部空间有 20mm 的提升。行李舱的储物能力提升了 80L 达到 550L。质量方面，新一代的 X3 比上一代下降了 20~25kg。相同功率下，第二代 X3 动力更强劲。

外表设计并非太激进，标志性的肾形格式更大，倾斜度也更小，整个前脸看起来比前辈更结实。前照灯采用了中规中矩的四边形，而尾灯则更活泼些。

全新的内饰采用宝马经典的双色调设计，所用的材质质量更高，中控台上增加了桃木修饰更显高档。

新宝马 X3 在上市时提供 2 款发动机供选择，采用 4 缸柴油发动机的 xDrive20d 最大功率有 135kW，比之前的车型多了 5kW，而燃油消耗却低了 14%，仅 5.6L/100km。采用直列 6 缸汽油发动机的 X3 xDrive35i，最大功率有 225kW。

首发：2009 年 9 月莫尔斯海姆布加迪总部

布加迪 16C Galibier 概念车

2009 年 9 月布加迪在其百年华诞之际，在法国的莫尔斯海姆总部展出了一台 16C Galibier 概念车，展现了未来布加迪 4 门高性能车的样貌。布加迪 16C Galibier 概念车在设计方面采用了流线的马蹄形设计。在材质上大量应用了铝合金材质来减小车身的质量，提升整体刚度；而在非关键安全部位则更多的应用了碳纤维复合材料，从而进一步降低车重，增加性能。在车辆的光源上，则是采用了 LED 光源。

内饰以实木的装饰辅以高档真皮，4 座设计让高性能车多了些实用，后排拥有足够的成员空间，可以让更多的人享受到布加迪的尊贵。在仪表台中央部有一块由瑞士钟表公司生产的时钟，它能从中控台上卸下来，与一块随车赠送的高级皮质表带相结合，成为一款世上独一无二的腕表。

动力方面与布加迪威龙类似，8.0L W16 的 4 涡轮增压发动机，最大输出功率为 736kW，最大转矩为 1249N·m。采用四轮驱动系统，16C Galibier 概念车 0~100km/h 的加速时间仅为 2.5s，最高时速为 407km/h。

首发：2010年8月卵石湾汽车巡展

布加迪 Veyron 16.4 Super Sport

最高时速限制在415km/h，只是为了保护轮胎，否则更高。布加迪最新的 Veyron 16.4 Super Sport 以创记录的速度再次打破地球上最快量产车记录。该车采用8.0L 发动机，在4个涡轮增压器共同的作用下，最大功率达到了882kW，最大转矩达到了1500N·m，其横向加速度达到1.4g。

该车是继 Veyron、GrandSport 之后的第三款量产车型，首批生产的5辆世界记录版，采用黑色和橙色的涂装，还未走下生产线便已经出售。

BUICK
别克

首发：2010年1月北美车展

别克 Regal GS 展示车

别克计划在Regal（国内的新君威）车型上推出GS高性能版，样车已经在2010年北美车展上亮相。Regal GS采用了类似欧宝Insignia OPC的前脸设计，雾灯附近的造型极具特色。另外，Regal GS还使用了双排气管、20in轮毂和高性能轮胎。动力搭载了与国内新君威车型相同的2.0T Ecotec发动机，不过动力输出功率相比国内的164kW提升至了190kW，匹配6挡手动变速器。

技术参数

发动机	V6
排量(L)	3.9
功率(kW)	169
转矩(N·m)	321
变速器	4速自动
0~100km/h加速(s)	10.5
最高时速(km/h)	220

首发：2010年7月北美市场

别克 Lucerne

Lucerne是别克豪华全尺寸轿车，2011新款的升级包括5座车型的中央控制台新增了USB接口，所有车型标配带全功能牵引控制的StabiliTrak，另外还新增了两个收音机，其中一个集成了选配的导航系统。作为一款高级轿车，Lucerne还拥有八向加热驾驶座和前排座椅；电动腰垫调节功能；存储器装置；加热真皮转向盘和17in铝质轮毂等豪华配置。

首发：2010年3月日内瓦车展

博通 Pandion

博通 Pandion 概念车外形紧凑型，全长 4620mm，全宽 1971mm，全高 1230mm，轴距 2850mm，内饰风格完全科幻，配有 4.7L，336kW 的 8 缸阿尔法·罗密欧发动机。外形方面，车有标志性的长而倾斜、如雕刻般的发动机罩；典型的阿尔法·罗密欧式车前照灯深埋于 T 形格栅的边缘处，突出了这款轿跑车的宽度。前格栅伴随着数千条纵横交错的锋刃造型，这也是整辆车随处可见的特别设计之一。车尾的最大特色是那一系列破壳而出、长短不一、纵横交错的水晶状锋刃造型，与车头形成呼应。

车门开启方式令人叫绝，它铰于后轮轴之上，开启时车门向后旋转，掀起从前翼板到后翼板的整个车侧身，最后与地面成 90° 直角停止于后轮中心之上。完全开启时，车门离地高度超过 3.6m 高。

Cadillac
凯迪拉克

首发：2010 年 1 月北美车展

凯迪拉克 XTS Platinum 概念车

凯迪拉克在 2010 年北美车展上发布了 XTS Platinum 概念车，展示了该品牌未来豪华轿车全新面貌。此款概念车强调对奢华和科技特性的全新诠释，其中包括采用了插入式混合动力系统。XTS Platinum 概念车使用凯迪拉克 3.6L V6 直喷汽油发动机，搭配插入式混合动力系统。插入式科技使得蓄电池可使用标准电源插座完全充电，因此可在很多行车条件下使用纯电力推进，特别是城市日常使用的情况下，燃料效率是常规混合动力的两倍。系统功率大约为 260kW，转矩大约为 400N·m。

首发：2010 年 4 月纽约车展

凯迪拉克 CTS-V Sport Wagon

凯迪拉克 CTS-V 本来就是性能的象征，这次高性能旅行版配搭相同的 6.2L 机械增压 LSA V8 发动机，峰值功率和转矩输出分别达到 415kW 和 747N·m，与之匹配的是六前速手动变速器或者六前速自动变速器。底盘方面，减振器带有可调阻尼控制系统；高性能制动系统由 Brembo 提供，铝铁双金属铸造技术有效控制非簧载质量和提升制动性能，米其林 PilotSport PS2 高性能轮胎为 CTS-V 旅行版的标准配置。

技术参数

发动机	V8
排量（L）	6.2
功率（kW）	415
转矩（N·m）	747
变速器	6 速手动
0~100km/h 加速（s）	6.8
最高时速（km/h）	250

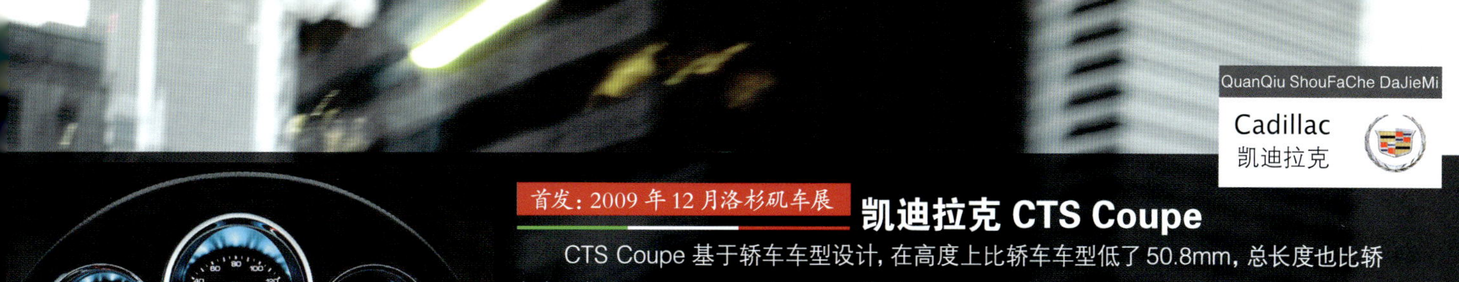

首发：2009年12月洛杉矶车展

凯迪拉克 CTS Coupe

CTS Coupe 基于轿车车型设计，在高度上比轿车车型低了50.8mm，总长度也比轿车车型短了50.8mm。CTS Coupe 避开了 Coupe 车型传统的B柱设计，并舍弃了门把手，采用了类似于雪佛兰克尔维特的按钮式进入方式。CTS Coupe 的标配动力系统为轿车版供选配的3.6L 直喷式 V6 发动机和一款可供选配的6速手动变速器。这款发动机的最大动力输出功率为227kW。

首发：2010年1月北美车展

凯迪拉克 CTS-V Coupe

CTS-V Coupe 完美结合了新款 CTS Coupe 的出众设计和 CTS-V 轿车的415kW V8涡轮增压发动机的强劲动力。消费者有机会享受豪华双门运动轿跑车的全新风范。V 系列 Coupe 拥有独特设计的格栅，可将汽车的进气量提高一倍，实现更加卓越的性能。另外，发动机舱盖中部凸起，为涡轮增压器提供了足够的空间，还搭配了特有的前后饰板，使整体外观更加吸引眼球。

首发：2010 年 9 月巴黎车展

雪佛兰 Captiva

新款科帕奇（Captiva）在设计上充分展现了新一代雪佛兰产品的设计语言，更加突显运动精神，同时也更加方便实用。4 款动力强劲的新型发动机可与手动或新款 6 速自动变速器搭配。搭载燃油直喷和可变气门正时技术的新型 3.0L 192kW V6 汽油发动机令新款科帕奇成为市场上动力最强劲的中级 SUV 之一。与此同时，还将推出新型 2.2 升柴油共轨涡轮增压发动机，有 122kW/137kW 两种输出功率供消费者选择。此外，这一全新车系配备的 2.4L 双顶置凸轮轴汽油发动机额定功率可达 128kW。

首发：2010 年 9 月巴黎车展

雪佛兰 Orlando

Orlando 是雪佛兰面向欧洲 MPV/ 家用车市场推出的开山之作，兼具 7 座车的实用性和灵活多变的内饰，并采用了亮丽醒目的跨界设计。该车以全新手笔完美融合了丰富多样的功能和家用车特性。前脸设计大胆抢眼、独具雪佛兰特色，车顶较低，侧面轮廓则从跨界车型中汲取了灵感。

Orlando 的内饰设计与其外观效果相得益彰，风格清新现代，第二和第三排采用了“剧场”式座椅设计，储物空间的设计也独具一格。此外，该车的载物空间也十分充裕。

首发：2010年9月巴黎车展

雪佛兰 Aveo

2010年上半年的底特律和日内瓦车展上，Aveo RS概念车就已公开亮相，而巴黎车展上的量产车型则完美传承了之前的设计精髓。新一代Aveo将于2011年夏季进入欧洲市场。拥有更长、更宽外形的新一代Aveo，为消费者提供了更为宽敞的内部空间和储物空间，在同类车型中堪称一流。与外形的变化相比，其内饰呈现出的新颖元素更让人眼前一亮。尤其是灵感源自摩托车的新款仪表盘设计，集模拟转速表、数字速度表及警示灯于一体。中控台配备高档蓝色背景光，整个前舱还有嵌入式饰带围绕，让人不得不感叹设计者的精妙。

首发：2010年9月巴黎车展

雪佛兰 科鲁兹

新款科鲁兹掀背版呈现出悦目迷人的轿跑车风格的车顶轮廓，车头、车尾均采用了短悬垂设计，其造型继承了同系列轿车的动感之姿，同时又独具个性、风格鲜明。凭借新型的车架一体化（BFI）结构以及对底盘结构的精细调整，该车的车身造型一如既往地展现出紧凑简洁的风格。科鲁兹三厢轿车版自上市以来已经在全球70多个国家销售，其销量已经快超过雪佛兰的当家小车Aveo，新的5门掀背版的上市更加加强了科鲁兹在雪佛兰车系中的王牌地位，也为喜欢科鲁兹的用户提供了更多的选择。

首发：2010 年 1 月北美车展

雪佛兰 Aveo RS 概念车

Aveo RS 概念车采用了源自欧洲张扬运动的设计风格，车身更长、更宽，车内空间也更为宽敞，拥有更多个性化选配功能设计。Aveo RS 概念车拥有 19in 的 5 辐超大运动轮毂并带有青铜金属感的雪佛兰标志，匹配的是一台功率为 103kW 的 1.4L 涡轮增压发动机。作为一款突显运动视觉的概念车型，Aveo RS 概念车代表了下一代 Aveo 的设计方向。

首发：2009 年 7 月圣地亚哥动漫展

雪佛兰 Camaro 《变形金刚》特别版

趁着《变形金刚 2》电影的上市，雪佛兰适时地推出了一款 Camaro《变形金刚》特别版选装件，该变形金刚选装件包括在汽车的驾驶员和副驾驶两侧门板、4 个轮毂中央轮帽和内部中控台上的博派盾标。Transformers 标志也将运用在这款 Camaro 的门槛板上，同时还将嵌入到该选装件标准的高光泽度黑色发动机罩赛车条纹里。

技术参数

发动机	V6
排量（L）	3.6
功率（kW）	232
转矩（N·m）	370
变速器	6 速自动
0~100km/h 加速（s）	7.2
最高时速（km/h）	240

首发：2009 年 12 月 SEMA 车展

雪佛兰 Camaro Synergy 特别版

在 Camaro 的历史中,绿色可说是相当具有代表的车色。雪佛兰于 2010 年 2~5 月间，推出经典绿色涂装的 Camaro Synergy 特别版车型，向经典绿色 Camaro 致敬。该特别版使用了经典的黑色条纹来装饰，并且搭配后尾翼、19in 抛光铝合金轮毂，以及 245/50 R19 规格轮胎。

首发：2010年7月北美市场

雪佛兰 Silverado HD

经过重新设计的 2011 款 Silverado 重型系列比以往的旧款更为全面，具有 10 种 2500 HD 车型和 8 种单后轮和双后轮 3500 HD 车型，包括配有 3.2m 货箱的 3500 HD 双排座车厢新车型。新款 Silverado 2500 HD 和 3500 HD 车型采用了穹形发动机罩、新的格栅和全宽镀铬钢质前保险杠，使整车外观十分抢眼。顶级车型动力来自一台重型 Duramax 6.6L 柴油发动机，搭配 Allison 1000 六速自动变速器。

首发：2010年7月北美市场

雪佛兰 Suburban

2010 年，Suburban 已进入市场达 75 年，缔造了汽车史上最古老的延续性品牌，其一如既往的宽敞特性和强大功能使其成为美国的一面旗帜。Suburban 的载客和载货能力比其他同类车都强。它基于通用的全尺寸 SUV 结构，该结构以雅致的车身样式、灵敏准确的驾驶感觉以及出色的内部装饰和安静效果著称。2011 款的变化包括三种全新的车身颜色——摩卡钢金属漆、钢绿金属漆和冰蓝金属漆，以及大量套装修改。

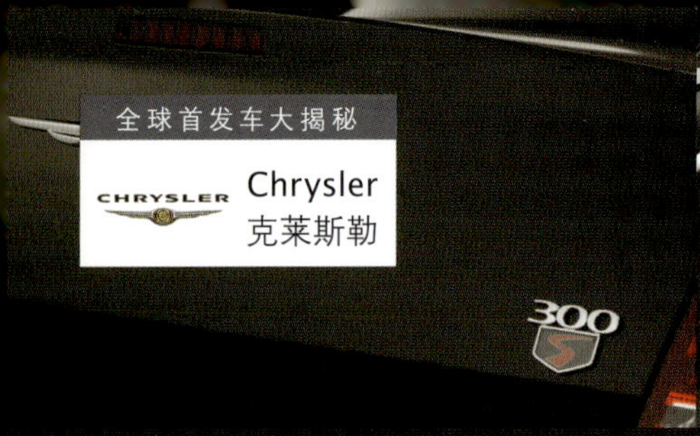

克莱斯勒 300 S

首发：2010 年 1 月北美车展

2010 年北美车展上，克莱斯勒推出了一款特别的 300 S 车型，有 V6 和 V8 两种动力供选择。300 S 在中央控制台和车门部分采用了高抛光的铝质件进行装饰。前后座椅，靠背以及坐垫采用穿孔透气型黑色仿鹿皮装饰，并且加上了“300 S”徽标。

首发：2010 年 1 月北美车展

克莱斯勒 Town & Country Walter P. Chrysler 签名系列

在 2010 年北美车展上发布的 Town & Country 沃尔特·克莱斯勒（Walter P. Chrysler，克莱斯勒创始人）签名系列特别版，搭载一台 3.8L V6 发动机，车内比普通版更显豪华，配有双色调真皮穿孔座椅，仪表台和车门内衬板上则采用实木装饰。配备 17in 合金轮毂，加入镀铬防擦条和车顶行李架横杆，前门的防擦条上部和门槛上的都带有“Walter P. Chrysler Signature Series”标识。

首发：2010 年 1 月北美车展

克莱斯勒 PT Cruiser Couture Edition

这款 Couture Edition 特别版车型是克莱斯勒针对 PT Cruiser 这个单一型号推出的第 16 款特别版车型。它最大的特色是使用双色调的车身涂装：车身肩线下半部，采用高亮度的金属银色，上半部使用二十世纪三四十年代相当流行的，散发出珍珠与水晶般闪耀光泽的亮黑色烤漆，并且在黑色与银色交接处，以红色线条来搭配装饰。

首发：2010 年 9 月巴黎车展

雪铁龙 DS4

雪铁龙在日内瓦展出 DS HighRider 概念车才半年，就直接发布了全新的 DS4，DS4 其实就是 C4 的高端车型，采用相同的平台。外观方面，DS4 的车身线条比新 C4 更圆润饱满，且材质、细节处理更为精致。DS4 采用了一体式大嘴前脸，有很强金属质感的双人字格栅与镂空进气格栅表达了其好斗的前脸个性。带透镜装饰的双氙气不规则线条前照灯配备了隐藏式前照灯清洗器，四倒车雷达同样很好地隐藏在前保险杠上。同时雾灯也采用不规则设计。尾部设计圆润饱满，多边形熏黑尾灯加入了 LED 灯组，黑色的顶部及底部扰流板在车尾线条中尤其显眼。

首发：2010 年 4 月巴西市场

雪铁龙 C3 Picasso Aircross

面向于巴西市场的 C3 Picasso Aircross 基于 C3 Picasso，主打跨界风格。新车的前脸造型、前后保险方以及侧部车身部件都经过重新设计。另外，与车顶行李架相连的 A 柱和前部的进气格栅造型十分个性，尾部还增加了越野风格的外挂式备胎。除此之外，AirCross 的悬架系统比普通的 C3 Picasso 更高，非常适合户外运动。动力部分，1.6L 和 2.0L 发动机仍将是该车型的主力配备。

首发：2009 年 9 月法兰克福车展

雪铁龙 C3

雪铁龙新一代 C3 针对市场流行趋势，采用更加时尚和流线造型。新 C3 的车头几乎是全新的，包括完全与前款不同的前照灯以及夸张的大嘴造型。新的镀铬雪铁龙标志位于大嘴上方。前保险杠造型变得更加动感，与新款的雾灯完美地融合在一起。新 C3 采用了全景天窗，从前风窗玻璃一直延伸到后排乘客头顶。车身的外观设计借用了一些 DS3 概念车的设计风格，镀铬的门把手、侧后视镜均令人耳目一新。C3 采用全新前轮驱动的平台，提供 4 种汽油发动机和 4 个柴油车型。

首发：2010 年 9 月巴黎车展

雪铁龙 C4

全新 C4 的前脸极具动感，前照灯造型与雪铁龙新 C5 类似，配合镀铬的发动机进气格栅和镀铬的大开口前保险杠，时尚而运动。整体尺寸略有增加，动力单元包括了三款汽油发动机、三款柴油发动机。在汽油发动机中，有一款还是可以兼用 LPG 液态天然气的双燃料发动机。另外，雪铁龙还推出了搭载 1.6L 柴油发动机的微混合动力车型，利用起停系统，改善燃油和排放情况。

首发：2009年9月法兰克福车展

雪铁龙 DS3

DS3是雪铁龙DS高端系列车型中的首款车，DS3采用5门掀背造型，搭载汽油、柴油和柴油混合动力等多种动力系统。DS3设计充满活力，极具现代感，特立独行的个性给人留下非常深刻的印象，车身、车顶、后视镜外壳、车轮等众多部位都可以个性化选择，车内仪表板装饰带、变速杆球头和许多其他元素都有多种颜色可供挑选，DS3的拥有者可以随心所欲地打造自己的爱车。

首发：2010年3月日内瓦车展

雪铁龙 DS3 Racing

DS3 Racing由雪铁龙WRC赛车部门开发，仅限量生产1000台，于2010年第二季度上市。WRC赛车部门通过对发动机电子单元和涡轮增压器等做出调整，其搭载的1.6L THP涡轮增压发动机最大输出功率由116kW调至147kW，比原来提高了约30%；同时峰值转矩也提升至275N·m，比原来增加15%。外表多用碳纤维材料，进气格栅、轮毂、外后视镜背面以及车顶等处都采用橙色涂装。

首发：2010年3月日内瓦车展

雪铁龙 DS High Rider

DS High Rider 概念车是一款 4 座三门轿跑车，比 DS3 更大一些，全车长 4.26m、车宽 1.82m、车高 1.48m。此概念车的特点在于优美的线条，独特的造型符合法系车型一贯的品质。同样是用了雪铁龙新的大嘴设计，而 DS 的方形徽标也会出现在发动机罩上。动力方面，概念车使用了柴电混合动力，4 缸柴油发动机负责驱动前轮，辅助电动机直接驱动后轴。这款概念车就是 DS 系列的下一款投产车型——DS4。

首发：2010年3月GQ杂志

雪铁龙 GQbyCitroen 概念车

雪铁龙联合全球知名的男士时尚生活杂志 GQ 推出了全新的概念车 GQbyCitroen，旨在提供一款卓越的男士座驾。雪铁龙的设计团队在马克·里奥德先生的带领下，遵循 GQ 杂志主编迪兰·琼斯的设计要求，打造引领豪华轿跑车领域全新的出行理念。GQbyCitroen 车型风格现代而又不失精致，车身前面凹凸有致，侧面彪悍稳健，后面圆润流畅。车内空间宽敞、舒适、前卫，内部装饰由著名高级时装品牌设计。

首发：2009 年 9 月法兰克福车展

雪铁龙 Revolte 概念车

雪铁龙 Revolte 概念车被称为经典车型雪铁龙 2CV 的复活版本，其设计借鉴了 2CV 的设计元素。Revolte 概念车的前脸设计十分创新，尤其是进气格栅造型十分独特和个性，十分有概念车雪铁龙 GT 的味道。发动机罩上醒目的 DS 标徽和 3 门掀背车身证明其属于雪铁龙全新精品小车系列，也是雪铁龙汽车对将来投放精品小车市场的全新设计概念，其中即将在 2012 年登场的 DS2 就是根据 Revolte 概念车设计而来。

首发：2010 年 3 月日内瓦车展

雪铁龙 Survolt 概念车

雪铁龙 Survolt 在造型上的设计非常大胆，各个部分的设计都很夸张，它表达了雪铁龙一向对于运动的追求。该车的车身外观采用了双色调的喷涂，分别为紫红色和深灰色。铬及铝金属的应用以及雅致的车身外观风格在展现该车运动风格的同时也透出奢华的气息。雪铁龙则为这款概念跑车装配了两台电动机，这两台电动机的总功率输出达到 224kW，0~100km/h 加速在 5s 以下，最高时速达到 260km/h。

首发：2010 年 5 月上海世博会

雪铁龙 Metropolis 概念车

雪铁龙 Metropolis 的设计工作全部由 2008 年进驻上海的雪铁龙国际团队操刀完成，是一款专为中国而推出的新型概念车。古典传统的中国文化元素与雪铁龙 90 年的历史传承交相辉映，渗透于设计的每个环节，散发出无法抗拒的独特魅力。Metropolis 车头造型独特的风筝型进气格栅不仅隐藏着东方文化，还隐藏着雪铁龙最为先进的动力传动系统。其配备的插电型混合动力处于该技术的领先地位，与传统的 4L V8 发动机相比二氧化碳排放仅为其原有的五分之一，有效地将驾驶的乐趣、优异的性能和对环保的关注融为一体。

Dodge 道奇

首发：2010 年 7 月 Viper 杯赛事

道奇 Viper SRT10 ACR-X

SRT10 ACR-X 它是有史以来最为强悍的 Viper，只适合于赛道而不适合于街道。道奇生产它只是想让他的车主们来参加道奇自己的赛事。新款的 ACR-X 赛车基于街道版的 Viper ACR，动力来源为一台特制的 8.4L V10 发动机，换上特制的汽缸盖以及低阻抗排气系统，动力输出增加至 477kW，比起一般的 ACR 足足多出 30kW。悬架系统也特别针对赛道需求进行修改，特殊的轻量化工程则让车身质量减少 72kg。

首发：2010 年 4 月北美市场

道奇 Viper SRT10 Final Edition

这一代的道奇 Viper（蝰蛇）即将结束其生命周期。为了纪念蝰蛇的辉煌，道奇推出了一批限量版 Viper SRT10 Final Edition（最终版）车型，共限量 50 台。其中 20 台是硬顶跑车，18 台是敞篷车，剩下的 12 台是 ACR 车型。每辆车都将采用石墨灰涂装，发动机罩中央采用黑色，周边则用红色装饰。另外 Coupe 车型和 ACR 车型都将配备黑色涂装包裹的风窗玻璃。外观的其他独特之处还有硬顶和敞篷车的六幅式无烟煤色轮毂，以及 ACR 车型的黑色响尾蛇导弹轮毂。

技术参数

发动机	V10
排量（L）	8.4
功率（kW）	450
转矩（N·m）	760
变速器	6 速手动
0~100km/h 加速（s）	4.2
最高时速（km/h）	280

首发：2010 年 2 月芝加哥车展

道奇 Challenger Furious Fuchsia

Furious Fuchsia 是为纪念 Challenger R/T 这款美式肌肉跑车面世 40 周年而推出的特别版。除了特别的颜色，还将增加一款 20in 的 SRT 铝合金轮毂、限量铭牌、珍珠白的内饰座椅以及镀铬排气管和车身拉花。该特别版有 Challenger R/T 和 Challenger SRT8 两款不同的车型供选择。

首发：2010年3月日内瓦车展

法拉利 HY-KERS 概念车

法拉利在2010年的日内瓦车展上推出了混合动力实验车型HY-KERS，该车基于599GTB Fiorano研发，其混合动力系统拥有十足的创新，质量约40kg的HY-KERS小型三相高压电动机连接到7速双离合器F1传动系统的后方。它通过传动系统的其中一个离合器来运作，与两根变速器主轴之一相接合。这样，电动机和V12发动机之间的动力实现了瞬间无缝联结。该电动机可产生超过75kW的功率，而法拉利的目标是，车身质量每增加1kg，则至少增加0.75kW来进行推动。

首发：2009年9月法兰克福车展

法拉利 458 Italia

法拉利458 Italia的外形由宾尼法利纳设计而成，进一步展现了该车推陈出新、独辟蹊径的崭新面貌。这一新款车型外形紧凑干练、线条完美体现了空气动力学特性，充分凸显了该项目简约、高效和轻质的设计概念。与法拉利的各款车型如出一辙，458 Italia的造型设计也处处兼顾了空气动力学效率的要求——时速200km/h时，其下压力为140kg。其车身前部设有单开口，以利于前格栅和侧进气口进气，符合空气动力学特性的剖面和侧面轮廓则旨在将气流直接引入冷却液散热器和全新的扁平型车身底部。

首发：2010 年 9 月巴黎车展

法拉利 599 SA APERTA 限量版

为了庆祝法拉利车型御用设计公司 Pininfarina 创建 80 年，并对 Pininfarina 设计公司 2 位创办人 Sergio Pininfarina 及 Andrea Pininfarina 表示敬意，法拉利在巴黎车展首发了限量打造的 SA Aperta，该车基于 599 车型，采用了独特的敞篷款设计，该车全球仅限量 80 台。 该车仍采用 599 的 V12 发动机，由于采用了敞篷设计，前风窗玻璃更倾斜，车内座椅更低，空气动力学更佳。该车虽然有 80 台的限量，但车主都几乎已选定，超过 50 万欧元的价格也突显其奢华之处。

首发：2009 年 9 月中国“礼乐之兴”活动

法拉利 599 GTB Fiorano 中国限量版之艺术典藏版

继 2009 年 9 月初法拉利宣布推出 599 GTB Fiorano 中国限量版跑车后，法拉利中国在“礼乐之兴”活动期间，隆重推出联手中国当代著名艺术家卢昊悉心设计的中国限量版之艺术典藏跑车，该款跑车全球仅发售一部。中国限量版艺术典藏跑车具有极高的收藏价值，其灵感来源于宋代哥窑开片瓷器。在创作中，卢昊以现代创意手法将中国古典元素通过手工漆绘形式在车身上得以完美展现。该车车身以温润的冰玉色为漆底，上面精心绘制了深浅错落、含蓄幽雅的哥窑开片瓷纹图案。

首发：2010 年 3 月日内瓦车展

法拉利 599XX

作为继 FXX 之后的新款终极赛车，法拉利公司应用大量来自一级方程式的最新技术来研发 599XX。法拉利 599XX 的空气动力学设计一反传统，C 柱上向外伸出的扰流板很有 F1 赛车的影子。599XX 的空气动力学设计在 200km/h 时可产生 2800N 下压力，而在 300km/h 时更可产生高达 6300N 的下压力。法拉利 599XX 搭载完全赛车化设定的 6.0L V12 自然吸气发动机，最大功率输出 522kW；六前速 F1 变速器的换挡时间缩短至 60ms；全新赛车型碳陶瓷制动系统、第二代 SCM 悬架系统也首次应用到 599XX 之上。

首发：2010 年 4 月北京车展

法拉利 599 GTO

599 GTO 名称中的“GTO”是 Gran Turismo Omologato 的缩写，而熟悉法拉利的车迷都知道“GTO”在跃马历史中的重要地位。599 GTO 在动力方面与 599XX 共享动力单元，其 6.0L V12 自然吸气发动机可以为 599 GTO 提供 493kW 最大功率和 620N·m 的峰值转矩，与 599XX 相比主要是对公路应用和耐用性等方面进行了针对性调校，并且符合欧 5 排放标准。

首发：2009 年 9 月法兰克福车展

菲亚特 Sedici

Sedici 是铃木 SX4 的孪生车型，这款车同时提供前驱与全驱版本。风格微变的 Sedici 有一个新前格栅，其灵感来自于菲亚特的新车 Bravo 和 Grande Punto，还包括重新设计的前保险杠。内饰包括新的仪表板，新的空调控制键等。发动机的改进显著。汽油机方面，1.6L 发动机是目前车系中最为强劲的一款，动力输出从原先的 80kW 升级至 89kW；而柴油机方面，2.0L 发动机替代了原先的 1.9L 发动机，可输出 101kW 功率。

首发：2010 年 1 月北美车展

菲亚特 500 BEV 概念车

在 2010 年北美车展上亮相的菲亚特 500 BEV 概念车采用了一个全电动的动力传动系。该动力传动系是基于克莱斯勒的模块化电驱动技术设计的，克莱斯勒在过去的几年里一直在研发这一电驱动技术。在车展上，菲亚特并未公布任何这台概念车的任何其他信息，目前它仅是一台纯粹的概念车，克莱斯勒和菲亚特暂时还没有将其投入量产的计划。

首发：2009 年 9 月法兰克福车展

菲亚特 Punto Evo

Punto Evo 除了在外观上有轻微改动以外，还增加了新的动力系统，其中就包括最新的 1.4L Multiair 汽油发动机。Punto Evo 也成为搭载这款发动机的第二款菲亚特车型。除了 1.4L Multiair 汽油发动机外，Punto Evo 还搭载一款新的 1.3L Multijet 共轨柴油发动机，这款发动机可使燃料消耗降低 2%，使氮氧化物排量降低 30%。

首发：2010 年 4 月东京青山 Fiat Cafe 发布会

菲亚特 500C by Diesel

菲亚特 500C by Diesel 是菲亚特品牌和时尚服饰品牌 Diesel 共同合作的结果。在两个团队的创意合作下，每一个设计环节都是独一无二的。早在 2008 年时双方便开始了 500 车型的合作，本次的设计依旧由 Diesel 设计师亲自操刀，使得原本灵巧的车型更具时尚的感觉，亮蓝色 / 银色的配色充满了动感和活力，在轮毂等处刻有“Diesel”的 logo。车身内部的设计也很精致，如黑色粗线条的棉布搭配黄色的缝纫线、Diesel 牛仔裤标志性的第 5 个口袋、车门把手上的莫西干头像、光滑的彩色镀铬仪表盘等。

首发：2010 年 3 月日内瓦车展

菲亚特 Bravo

2010 款的 Bravo 提供了两种新的车身颜色，内部装饰材料也经过了改良，新增了一套米色系内饰，让 Bravo 的内部空间看起来更明亮和居家。动力没有变化，不过环保方面 1.4L 自然吸气发动具备了欧 5 排放标准，二氧化碳排放为 146g/km。装备提升是 2010 款的重要升级，多款车型增配了 Blue&Me、后部停车雷达、刮水器自动感应器、18in 轮毂等豪华配件。

首发：2010年1月布鲁塞尔车展

福特 S-MAX

全新S-MAX拥有全新的外观和动力总成。前脸看上去与新一代福克斯具有同样的全新“动感设计”元素，使用了开口更大、位置更低的鲤鱼嘴式进气格栅，两侧增加了条状LED日间行车灯。尾灯组的结构进行了一些改动，保险杠部分用黑色塑料保险杠替代了与车身同色的保险杠。动力系统则采用了2.0L EcoBoost涡轮增压直喷发动机，S-MAX成为第一款搭载EcoBoost发动机的福特欧洲车型。

首发：2010年1月布鲁塞尔车展

福特 Galaxy

2010款Galaxy改动较小，其前保险杠经过重新设计，换装大号雾灯，上部格栅也进行了调整。福特为新的Galaxy内饰换上了新材料和全新的用色，得益于福特座椅折叠放平系统，在翻倒第二排和第三排座椅后能获得一个宽敞的规整的载物平台。配置方面，福特加入了可视倒车雷达、盲点信息系统和限速装置。

首发：2009 年 9 月法兰克福车展

福特 C-MAX/Grand C-MAX

新一代 C-MAX 的外形设计来自于之前发布的 iosis MAX 概念车，运动的设计理念得到进一步升华，C-MAX 是福特新 C 平台上进行生产的第一款车型。动力方面，C-MAX 搭载 1.6L Ecoboost 四缸发动机，采用涡轮增压和缸内直喷技术。5 座 C-MAX 运用了时尚的乘用车外观，更显运动气质，这与欧洲的普通 MPV 的概念有所不同。更大的 7 座 C-MAX 拥有两扇滑动后门和创新座椅设计，提供了出色的空间和灵活性。

首发：2010 年 8 月莫斯科车展

福特 蒙迪欧

2011 款全新蒙迪欧在 8 月的莫斯科车展上露面，外观上主要的改变为采用更大的前脸进气口和新一代 S-MAX 类似的雾灯设计。该款蒙迪欧装备了一台 2.0L ECOBOOST 涡轮增压缸内直喷发动机，这台发动机最大功率输出 177kW，其二氧化碳排放量仅为 179g/100km。主要技术与装备方面的增强包括发动机舱内智能再生充电系统，能减短冷车起动怠机热车的时间并具有一定的节油功能。新蒙迪欧也首次配备了变线警告系统，能通过警告声以及高亮度警示灯提醒驾驶员。

首发：2010 年 3 月莱比锡车展

福特 RS500

RS500 这个车型名代表这款车仅限量生产 500 台。这款限量版掀背车搭载一台经过重新调校的 2.5L 五缸发动机，最大功率 257kW，峰值转矩 460N·m。这分别比福克斯 RS 的功率和转矩增加了 15% 和 4.5%。虽然如此，该车 0~100km/h 加速时间为 5.6s，却比福克斯 RS 慢了 0.3s。最高时速略快于福克斯 RS，为 265km/h。功率和转矩的提升主要是由于电子控制单元软件的升级，还有更大的中冷器和空滤、性能更佳的油泵和更粗的排气管。

首发：2010 年 6 月勒芒比赛

福特 Focus RS Le Mans Edition

5 款来自福特经典 Le Mans 赛车的车身涂装，代表着福特参与勒芒 24 小时耐力赛的辉煌历史。为纪念这些过往的风光，福特特别推出采用相同涂装的特别版车型：福特福克斯 RS 勒芒涂装版。除了车身颜色和一块镶在中控台并注明车身涂装历史的铭牌外，该车型与普通版福克斯 RS 完全相同。

首发：2010 年 1 月北美车展

福特 Focus

新福特福克斯是福特全球新一代中级车的代表作，其制造平台是一个全新的中级车制造平台，将总共可以支持多达 10 款不同车型。新福克斯在欧洲将采用 1.6L EcoBoost 系统直喷式 4 汽缸涡轮增压汽油发动机，以及一系列 Duratorq TDCi 共轨式柴油发动机，所有机型的油耗均比前一代车型降低 10% ~ 20%。新款福克斯的内饰设计与外形一样前卫，中控台以一套称为 MyFord 的系统为中心，通过 8 英寸触摸液晶显示屏控制各项功能。

首发：2010 年 9 月巴黎车展

福特 Focus ST

基于新一代福特福克斯的性能版本 ST 采用了更夸张的前格栅和前保险杠设计，排气尾管置于后保险杠中部，如同超级跑车一般。新 ST 采用 2.0L 直列四缸 EcoBoost 缸内直喷增压发动机，功率输出高达 185kW，就排气量与最大功率输出来看，全面胜过上一代福克斯 ST 搭载的 165kW 的 2.5L Duratec 直列 5 缸涡轮发动机。座椅采用深色及车身同色混搭效果，运动风十足。

Ford
福特

首发：2010 年 1 月北美车展

福特 Mustang

2011 年款的野马双门跑车，搭载全新铝合金打造 3.7L V6 Duratec 发动机，采用全新进步双凸轮轴与 Ti-VCT 双独立可变气门正时技术，提供 227kW 最大功率与 8.6L/100km 的最佳油耗，成为旗下动力输出与油耗数据综合最为出色的野马。除了全新 V6 发动机与变速器的搭配外，EPAS 电子动力转向辅助，也提供更为顺滑的操控；全新空力套件搭配，使风阻系数进一步降低，在燃料经济性方面表现更佳。

首发：2010 年 2 月芝加哥车展

福特 Shelby GT500

随着 2011 款福特野马发动机升级，搭载全新发动机的 2011 款 Shelby GT500 也随之问世。新款 5.4L V8 发动机采用了金属铝制成的汽缸体，比原来铸铁制发动机减小约 45.9kg，功率也升至 405kW——较原先增加 7kW，转矩数值则达到 694N·m。质量的降低将带来油耗降低、加速更快等优点。与此同时，Shelby GT500 安装电动助力转向辅助系统。另外，2011 款福特 Shelby GT500 还提供福特特别车辆小组 SVT 所开发的运动套件。

首发：2009年9月达拉斯发布

福特 Super Duty

2011款的福特Super Duty在外形上作了大幅度修改：巨大的中网霸气十足，两根粗大的铬条中央悬挂着大尺寸的福特标志，车灯分为上下双层，成为绝不会弄错的福特标志性卡车特点。Super Duty包括F250、F350、F450、F550众多型号。有两款新的发动机可供选择，一台是6.7L V8柴油涡轮增压发动机，另一台是6.2L V8发动机，都可以使用B20生物乙醇燃料。

首发：2010年2月芝加哥车展

福特 Edge

在2010年初才在北美上市的全新福特锐界(Edge)已经以进口方式进入中国市场。在中国市场销售的福特锐界车内声控技术将支持中文普通话，这是福特首次将MyFord Touch车载多媒体互动系统引入中国市场。MyFord Touch是福特智能驾驶科技的最新成果。可以让客户能轻松将MP3播放器及手机等移动电子设备和车辆连接。

首发：2010 年 2 月芝加哥车展

福特 Transit Connect Taxi

Transit Connect 出租车搭载 2.0L 四缸环保发动机，能够使用三种燃料交替（CNG 压缩天然气，LPG 液态石油气以及一般汽油）运行，也因为替代燃料系统油箱的关系，使得这款车在加入了北美出租车专属的驾驶座与乘客座之间隔板之后，仅保留了后面的三个座椅以及 3822L 的行李舱空间，其他标准配备还包含车顶计程车牌的配线、橡胶脚踏垫、高速无线上网的车用电脑、8.4in 触摸屏和信用卡付费设备等。

首发：2010 年 2 月芝加哥车展

福特 Transit Connect ELECTRIC

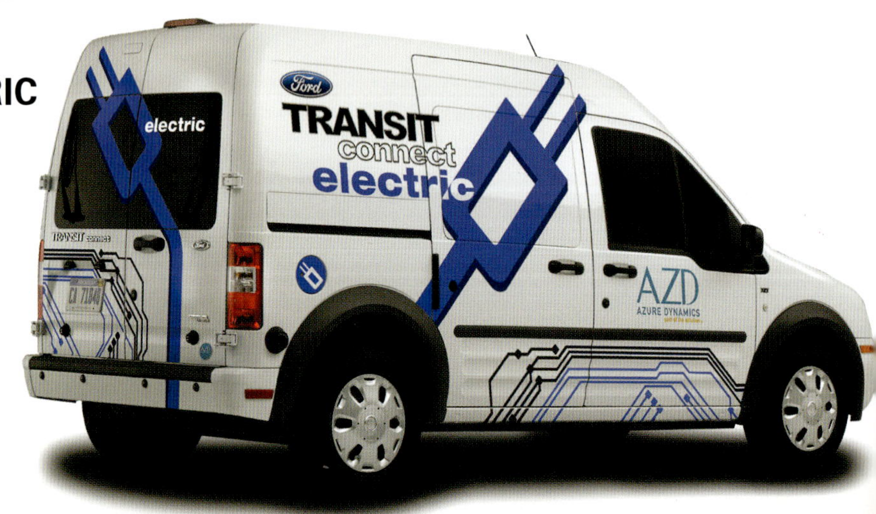

2010 年芝加哥车展上露面的 Transit Connect 电动车以城市短程运输为主要目标，这款采用电动机和锂蓄电池组为动力来源的零排放商用车，可透过 120V 或 240V 交流电源来完成充电，其续航里程约 128.7km。Transit Connect 电动版的最高时速可达 121km/h，虽然它是电动车，但它依然拥有相同的 3822L 储物空间。福特将在 2011 年开始量产这款电动商用车。

首发：2009年9月法兰克福车展

福特 Focus BEV

在2009年法兰克福车展上亮相的福克斯电动车已经是一台可以上路的原型车，2010年，福特欧洲将会让15辆福克斯电动车在英国等地进行准商业化试运行。这套电动系统由福特的合作伙伴Magna提供，它可以使用在2010年初发布的全新一代福克斯上，而基于新福克斯的电动车，批量上市会在2012年。车展上这台电动车采用100kW电动机，最大行驶里程为120km，最高时速可以达到138km/h。

首发：2010年4月北京车展

福特 Start 概念车

福特在2010年北京车展上首次展出了全新概念车——Start，这也是福特继2007年在广州车展首发Verve三厢概念车后，再次选择中国作为其概念车的全球首发地。外观小巧同时极具运动感的Start展示的不仅是汽车产品向更小体积发展的可能性，更代表了福特绿色科技的最新方向。它创造性地搭载了EcoBoost GTDI 1.0L三缸发动机，这是迄今为止福特EcoBoost GTDI新动力技术家族中最小的发动机。

首发：2010年5月上海世博会

通用 EN-V 概念车

在上海全球首发的三辆 EN-V 概念车“骄”、“妙”和“笑”独特个性，凝聚了通用汽车全球研发团队的集体智慧，强调了未来城市交通自由、环保的本质特征。

EN-V 的设计开发紧扣城市驾驶对速度和里程范围的需求，整车质量仅 400 多 kg，长约 1.5m。而目前的传统汽车，质量超过 1500kg，长度更是 EN-V 长度的 3 倍，停车需要超过 $10m^2$ 的面积。目前汽车 90% 的时间都处于停车状态。仅就停车而言，EN-V 与传统汽车相比就显出极大优势。EN-V 体积小巧、移动便利，目前一个传统汽车的停车位可以容纳 5 辆 EN-V，这将极大地提高城市现有停车面积的利用率。

受到个人城市交通解决方案（PUMA）的启发，通用汽车联合 Segway 公司在 2009 年 4 月共同提出了 EN-V 的概念。EN-V 的左右两侧车轮分别由各自的电动机驱动，该技术最初源于通用汽车在 2006 年巴黎车展上提出的氢燃料驱动——线控技术（Hy-wire）概念车。电动机不仅提供车辆加速动能，并且控制减速和停车。与目前的传统汽车相比，EN-V 的转弯半径大幅减少，甚至可以实现在原地转弯。

EN-V 的电动机动力由锂蓄电池提供，可通过普通家庭电源进行充电，每次充满电后可行驶 40km，完全实现零排放，减少了对环境的直接影响。另外，EN-V 可以与电网进行信息互换，判断电网的整体使用情况，从而选择最佳的充电时间，充分提高公用电力基础设施的使用效率。

首发：2010 年 1 月北美车展

GMC Granite 概念车

Granite 概念车是目前 GMC 最小的车型，它只有 4m 长，与其他 GMC 的庞然大物相比，Granite 显得更加时尚和小巧，它选料考究，并特别注重细节。时尚工业化外观设计与宽敞的内部空间相得益彰。Granite 概念车配备一台 1.4L 涡轮增压发动机，该发动机是通用全新小排量四缸发动机系列中的一员，配有一个 6 速自动变速器。

首发：2010 年 1 月北美车展

GMC Acadia Denali

2010 年推出的 Acadia 是 GMC 首款跨界车型，该车具有同类车型中领先的燃油经济性和创新功能。其独特 SmartSlide 系统可以使成年人轻松进出第三排座位，从而可以在车内灵活配置 7 个或 8 个座位。而更豪华的 Denali 版本，则拥有更加突出的特征，包括蜂窝状格栅、镀铬表面、与车身同色的饰板和翼板外接板、胡桃木转向盘以及木质浅色梁板等，与普通的 Acadia 区分开来。

首发：2010年1月北美车展

本田 CR-Z

2010年1月北美国际车展上，本田在全球首次展示新款量产车型CR-Z。CR-Z采用了1.5L i-VTEC发动机，配合本田独创的IMA混合动力系统，不仅确保了强劲有力的加速，而且实现4L/100km的优秀燃油经济性，成为新时代混合动力运动车型的典范。CR-Z是全球首例设置了6速手动变速器的混合动力车，充分体现行驶的乐趣。CVT标配款还增设了换挡拨片。

首发：2009年9月法兰克福车展

本田 CR-V

新CR-V于2009年法兰克福车展上首次亮相，2010年正式在东风本田投产并上市。新CR-V外观更加时尚、大气、锋锐、动感，更加符合现代都市人群的审美需求。内饰更加精致、典雅，人性化的设计使驾乘更加舒适。配置方面，优化NVH的隔声降噪系统让车内噪声大幅度降低，全面提升驾乘舒适性。全车系标配侧安全气囊，豪华版则增配升级倒车雷达。

首发：2009年10月日本上市发布

本田 Step WGN

第四代全新本田Step WGN回归了四方形的设计，给人以舒适和宽敞的感觉。车子的前脸部分看上去十分的整洁，前照灯尺寸很大，腰线很低，中央和后部的车窗柱都被漆成了黑色，以便保持后部外观上整体的连贯性。车内设计讲究的是驾驶的便利性以及多用途性。第三排的坐席可以收纳到地板之下，让车主随意拥有大空间的行李舱。2.0L i-VTEC发动机拥有强劲的转矩和性能表现，能满足驾驶者对于不同情况的控制要求。

首发：2010年2月芝加哥车展

本田 Odyssey

北美本田在2010年6月发布了全新一代本田奥德赛（Odyssey），该车与日本和国内的奥德赛有着明显的不同。美版奥德赛车型使用滑动后门的设计。车身尺寸方面，新款车型比2010款更长、更宽、更低，整体造型更加稳健。新车的前照灯和尾灯都经过重新设计，C柱的造型也经过了特殊处理，以增加车内的空间。搭载本田的3.5L i-VTEC V6发动机，配备可变汽缸管理系统，输出功率184kW。与发动机相匹配的是本田的6挡自动变速器。

首发：2009年9月北美发布

本田 Accord Crosstour

2009年底，北美本田推出了一款雅阁的跨界车型Crosstour，而这款车也亮相了2010年的北京车展，并在广州本田投产。动力方面，在北美首发的雅阁Crosstour全系搭载3.5L i-VTEC V6发动机，这款3.5L的V6发动机实际上和目前国内已经销售的旗舰版雅阁3.5采用的是相同的动力系统，最大功率202kW，最大转矩为339N·m。在北美，雅阁Crosstour包括三款前驱车型和两款四驱车型。

首发：2010年2月芝加哥车展

本田 Pilot

本田Pilot是本田品牌在北美市场车身尺寸最大的SUV车型，其第一代车型诞生于2002年。2010年芝加哥车展上，本田推出了全新的2011款Pilot，而这款Pilot，则有可能在2011年由广州本田国产。新Pilot设计有一个相当粗旷的前栅格，同时装备着显得相当强壮的发动机盖、挡泥板以及保险杠。新Pilot在美国市场搭载3.5L i-VTEC V6发动机，其最大功率为184kW，最大转矩为343N·m。

首发：2010年3月日内瓦车展

本田3R-C概念车

3R-C概念车是本田全新推出的新一代小型电动代步车，供个人单独乘坐，独特的三轮造型设计，可在城市街道中短距离自由穿行，是一种非常环保的小型代步车。电动式透明顶罩，在行驶中可作为驾驶人的前风窗玻璃，带来既舒适又安全的驾驶感受。内饰则是由欧洲本田研发中心的米兰设计室设计的。

首发：2009年10月东京车展

本田SKYDECK概念车

本田在2009年的东京车展上展示了旨在应对各年龄层，具有不同兴趣需求和驾车习惯用户的混合动力概念车SKYDECK。SKYDECK外观设计追求质感并赋予功能性，采用跑车上才会使用的剪刀门设计，另外后舱门设计非常独特，极具视觉震撼力。动力系统采用本田独创的IMA混合动力系统，易操控且动力极佳。

首发：2009年10月东京车展

本田 EV-N 概念车

电动概念车 EV-N 定位为城市生活用短距离交通工具，具有亲切、简洁的外型，灵巧、紧凑的车身尺寸，人性化座椅布局等特点，引领全新的电动车潮流。本田自 20 世纪 80 年代开始进行电动车基础研究，1997 年在美国和日本租赁销售电动车“EV Plus”，积累了丰富的电动车技术。考虑到现阶段电池的性能，本田将电动车定位为短距离城市交通工具，EV-N 充分展示了这一研发方向。

首发：2009年12月洛杉矶车展

本田 P-NUT 概念车

P-NUT 是新型个人城市交通工具的简称，是本田对未来城市交通工具的一次展望。P-NUT 设计紧凑，4 个车轮尽量向四角延伸，这种设计不仅适合在拥挤的城市道路灵活穿行，而且能使内部空间最大化。车内则采用驾驶座位于中央，而动力系统后置的布局，可搭载环保的混合动力单元或单独由蓄电池供电的电动机。

首发：2010年1月新德里车展

本田 小型概念车

2010 年 1 月印度本田于新德里车展上首次向全球展示小型概念车，并宣布将在 2011 年推出以此概念车为基础设计的小型车。本田小型概念车采用低重心、宽骨架的紧凑型车身结构，可供 5 人乘坐。外观重点突出挡泥板，整体造型朝气蓬勃。另外，以此小型概念车为基础设计的小型车也在 2010 年投入泰国市场。

Hyundai
现代

首发：2009 年 9 月法兰克福车展

现代 i10 Electric

现代的 i10 电动车已经是无限接近量产的程度，展台上这台展示车采用了输出为 49kW 的电动机，蓄电池组的总能量为 16kW·h。转矩峰值可以达到 210N·m，最高时速为 130km/h，0~100km/h 加速时间为 15s 左右。i10 电动车的蓄电池采用了锂离子聚合物蓄电池，更轻，更小也更耐用，如果用工业 413V 电源 15min 可以充满 80% 电量，而家用 200V 电源充满只需要 5h。

首发：2009 年 9 月法兰克福车展

现代 Santa Fe

现代的胜达(Santa Fe)的小改款也在2009年底与消费者见面外表主要是格栅、进气口和雾灯的精细化，改进后仍然延续着明显的都市风格，同时以硬朗的线条突出一定的运动性。内饰最大的一个改变就是增加了第三排座椅，现在新胜达更加的实用。新胜达采用了 2.4L 直列 4 缸发动机，最大功率 128kW，最大转距 225N·m。

首发：2009 年 9 月法兰克福车展

现代 i30 U

现代的畅销车型 i30 已经到了小改款的时侯，2010 年 3 月开始投产的新 i30 U 拥有更清洁的发动机，外表没有太多的改动，前格栅和空气进气口经过重新设计显得更加的精致，保险杠和雾灯的设计让整个前脸充满运动感。新 i30 U 所有的发动机都符合严格的欧 5 排放标准，1.6L Blue 车型采用了低滚动阻力的轮胎，二氧化碳排放量降低到 139g/km。

首发：2010 年 4 月纽约车展

现代 Sonata Hybrid

与普通版索纳塔车型相比，混合动力版的索纳塔车型在外观上有较为显著的变化。前脸采用夸张的六边形进气口、独特的前后车灯造型让人一眼看出这是一台与众不同的索纳塔。索纳塔混合动力版搭载 2.4L 四缸阿特金森循环发动机，加上一台功率达 30kW 的电动机，总输出功率达 156kW。

首发：2010 年 4 月纽约车展

现代 Sonata 2.0T

2010 年纽约车展上露面的新索纳塔 2.0T 以性能为导向给消费者留下深刻印象。搭载的这台 2.0L 涡轮增压发动机的最大功率可达 204kW，0~100km/h 加速时间仅 6.5s。由于采用涡轮增压系统，该发动机在同等功率输出的情况下，比老款 3.5L V6 发动机节约 16% 的油耗，城市路况行驶综合油耗 9.4L/100km，高速油耗仅为 6.9L/100km。

首发：2009 年 9 月韩国上市发布

现代 Santa

全新的第六代索纳塔已经于 2009 年 9 月在韩国本土上市，命名为 YF 索纳塔，2010 年北京车展上则被命名为 i50。新一代索纳塔“流体雕塑”的外形设计非常动感，前格栅和前照灯都营造了一种很强的前冲感，侧面轮廓则是一台标准的轿跑车。动力方面，新索纳塔搭载一台 2.4L 四缸汽油发动机，最大功率 148kW，最大转矩 250N · m。

首发：2010 年 4 月斧山车展

现代 Avante

2010 年在韩国釜山车展亮相的全新紧凑车 Avante 拥有同样的“流体雕塑”设计理念。流畅的线条，波浪般的腰线，头部和尾部的设计更和新索纳塔异曲同工。采用现代最新的 1.6L 汽油缸内直喷发动机，因为使用了直喷技术，因此最大功率可达 103kW，最大转矩 167N·m。搭配 6 速自动变速器，新 Avante 也拥有更出色的燃油经济性。

首发：2009 年 9 月法兰克福车展

现代 ix35

ix35 由现代德国法兰克福设计中心研发，以创造性的“流体雕塑”为设计理念。它不仅具备现有 SUV 不具备的知性、时尚、简练的都市美和卓越的性能以及最新配置，从外观、动力、性能、操控到安全，均具有独特的优势和全面的创新。ix35 搭载了 2.0L 和 2.4L θ-II 代双 CVVT 发动机，与之匹配的是 6 速手自一体变速器。

首发：2009年9月法兰克福车展

现代 ix-Metro 概念车

亮相于2009年法兰克福车展的ix-Metro概念车采用混合动力系统，标配6速双离合自动变速器，计划量产后推向欧洲市场。ix-Metro概念车搭载一款1.0L VVT三缸直喷发动机，最大输出功率达到92kW。这款发动机的二氧化碳排量仅为80g/km。ix-Metro概念车是由位于韩国南阳的现代汽车全球设计团队所设计，这也是该团队设计的第五款概念车型。

首发：2010年3月日内瓦车展

现代 i-flow 概念车

i-flow概念车是现代"流体雕塑"外形设计更激进的展现，0.25的风阻系数就是最好的证明。i-flow概念车采用了一台配备双阶段涡轮增压器的1.7L柴油发动机、一款6速的双离合器变速器和一台配备锂离子聚合物蓄电池的电动机。流线的设计和混合动力的搭配使i-flow概念车的二氧化碳排放量将不足85g/km，燃油消耗仅为3L/100km。

首发：2010年4月纽约车展

英菲尼迪 QX56

全新的2011款QX56搭载了英菲尼迪最大排量的VK56发动机，这款5.6L V8发动机采用了汽油缸内直喷技术、连续可变气门正时控制系统以及连续可变气门升程技术。这些技术的运用使得发动机气门的开启角度与时机得以实现智能全时调节，从而挖掘出发动机的潜能缔造出高达324kW的最高功率，峰值转矩更能达到惊人的555N·m。英菲尼迪特有的智能全模式四驱系统，通过车内的模式选钮可选取自动、高速四驱和低速四驱三种驱动模式，以保证城市驾驶的经济性并主动帮助驾驶者从容应对多变路况。

首发：2009年8月卵石湾汽车巡展

英菲尼迪 M

全新的英菲尼迪M系列车型同上一代车型有很大的变化，Essence概念车的设计参照使得其更加豪华大气，漂亮的前脸设计，L形前照灯，镀铬的进气格栅饰条都显得更加出色，肌肉感十足的前发动机罩使新M系更加硬朗。动力方面，M25采用2.5L V6发动机，最大功率可达到175kW，最大转矩达到了253N·m。M37则搭载的是VQ 7VHR发动机，最大功率将达到245kW，峰值转矩可以达到365N·m。

首发：2010 年 7 月古德伍德赛车节

捷豹 XKR 75

捷豹为庆祝 75 周年诞辰，特别推出了 XKR 75 周年纪念版，并在 2010 年 7 月的英国古德伍德赛车节上精彩亮相。XKR 75 周年纪念版采用 5.0L 机械增压发动机，输出功率和转矩分别提升至 395kW 和 655N·m，最高时速达到 280km/h。与普通 380kW XKR 相比，XKR 75 周年纪念版从静止加速到 96km/h 的时间由 4.6s 减至 4.4s。为突显尊荣身份，这款车限量仅 75 辆。

首发：2010 年 3 月日内瓦车展

捷豹 XKR 特别版

2010 年日内瓦车展上亮相的 XKR 特别版，有两个不同的套件选择，一款是速度套件，重新调整发动机电子系统后将最高时速提升至 280km/h；另一款为黑色套件，采用了烟熏黑的轮毂、窗框、前进气口，还有红色的制动卡钳和空气动力套件。车内都采用了大量真皮包裹，色彩搭配更加精致，衬托出英国车高贵的气质。

首发：2009 年 9 月法兰克福车展

捷豹 XJ

全新捷豹 XJ 更加大气、豪华、典雅，并以颠覆性的设计让捷豹这个品牌焕发了青春。XJ 在原有英国式的大气车身上添加了流畅线条和动感性能。动力采用了一台 5.0L V8 发动机，这台自然吸气发动机最大功率为 283kW，而最大转矩为 515N·m。与其匹配的是一款 6 速手自一体带捷豹循序式换挡变速控制及运动模式的变速器。在电子限速的情况下，全新捷豹 XJ 最高速度为 250km/h。

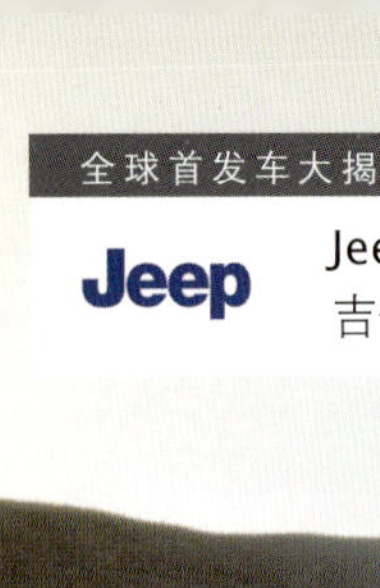

Jeep
吉普

首发：2009年4月纽约车展

吉普 Grand Cherokee

2011款大切诺基外观经过了全新设计，流线型车身设计更强调运动感，更符合空气动力学。新大切诺基诸多创新科技为消费者提供同级中最出色的全路况解决方案。全新调整的前后独立悬架系统，将全面提升大切诺基的公路操控表现和良好的舒适性；Quadra Lift 空气悬架系统可以在车辆行驶过程中对车辆离地间隙实现多级调节控制，强化车辆的通过能力。3.6L Pentastar V6 发动机，油耗 10L/100km，比上一代燃油经济性提升 11%，发动机的最大功率为 209kW。

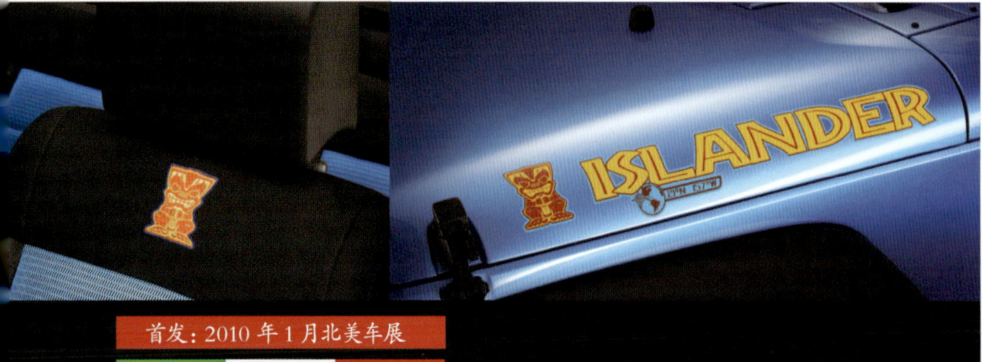

首发：2010年1月北美车展

吉普 Wrangler Islander 限量版

吉普 Wrangler Islander 是一款以海滩为主题的限量版车型，其特色包括拥有独特的珍珠蓝喷涂、发动机罩上的“岛民”贴花、黑色的轮孤和门槛、17in 的轮毂和 32in 的车胎。限量版的座椅采用了灰色的主色调加上珍珠蓝的对比色，蓝色的缝纫线和“岛民”刺绣强调了座椅的特色。其他亮点还包括皮革包裹的转向盘和防水橡胶地毯。

首发：2010年1月北美车展

吉普 Wrangler Mountain

为了延伸 Wrangler 品牌的多样性特点，吉普推出了 Mountain 限量版车型。这款车型发动机罩上有独特的“山脉”贴花，高亮的炭灰 17in 轮毂、32in 轮胎、黑色的尾灯罩护网，以及来自克莱斯勒改装部 Mopar 的燃料加注口盖。车内仍以座椅为亮点，包括“山脉”标志以及其经纬度的刺绣，其他还有镀铬的空调出风口。

首发：2010 年 3 月日内瓦车展

起亚 Sportage

全新狮跑（Sportage）一改以往起亚在外形设计上的沉闷与呆板，造型饱满时尚，彻底颠覆了现款车型的风格。前脸是绝不会弄错的全新起亚家族式面孔，相比较于同门的现代兄弟 ix35，狮跑显得更加的刚毅有力。动力方面，有两款发动机供选择，2.0L 发动机，最大功率 120kW，转矩 197N·m；1.6L 发动机，最大功率 103kW，转距 167N·m。

首发：2010 年 4 月纽约车展

起亚 Forte 两厢掀背版

起亚的福瑞迪两厢掀背版首先在北美上市，但目前未有引进国内投产的计划。较之三厢版本，新车拥有更多的标准配置，包括车载蓝牙、MP3 以及 AUX 等，动力方面包括 115kW 的 2.0L 发动机和 127kW 的 2.4L 发动机，轮毂也增大到 17in。福瑞迪两厢版的推出极大地丰富了福瑞迪系列，使福瑞迪拥有轿车、轿跑车、掀背车供消费者选择。

首发：2009 年 9 月法兰克福车展

起亚 cee'd

上市不久的 cee'd 由于起亚新的设计总监而提前进入到改款日程，新 cee'd 拥有了现在起亚家族式的前进气格栅此外，前照灯、保险杠、雾灯都经过了新的设计，看起来更加的大气和运动。改款 Cee'd 配置了 1.4L 80kW、1.6L 90kW 以及 2.0L 103kW 的汽油发动机，同时为了应对欧洲市场将推出 1.6L 85kW、2.0L 103kW 的柴油发动机。

KIA
起亚

首发：2009 年 12 月利雅得车展

起亚 Cadenza

凯尊（Cadenza）是一款浓郁欧洲风格的豪华车型，代表起亚品牌目前最高端的造车理念与技术，由首席设计师彼得·希瑞尔亲手打造，赋予了凯尊流线与立体的车身线条。简约而犀利的起亚家族式散热格栅、跑车化的前保险杠、多幅合金轮毂使凯尊前脸充满自信。凯尊采用了两款不同排量的发动机，一款是全新 2.4L 四缸汽油直喷发动机，最高输出功率为 147kW；另一款则是 V6 发动机。

首发：2009 年 9 月法兰克福车展

起亚 Venga

Venga 的外形来自于 2009 年日内瓦车展展出的 No.3 概念车，外形上基本延续了概念车的设计，进气格栅，轮毂等都沿用了起亚新一代车型的设计元素。Venga 车长 4068mm，高 1600mm，轴距为 2615mm，四轮尽量边缘化的设计能够将内部空间最大化，而 2615mm 的轴距则全面超越同级别对手。动力方面，1.4 和 1.6L 的汽油和柴油发动机为主，功率输出范围在 56~86kW 之间。

首发：2010 年 4 月纽约车展

起亚 Optima

全新的 2011 款起亚远舰（Optima）外观上采用了起亚新的家族式设计前脸，尺寸上也比现款远舰要大了不少，外观更加动感。与国内已经停产的老款远舰相比，新一代远舰在设计上已经丝毫找不出其与老款之间的任何关系。尺寸方面也比上一代更大，全长达到了 4800mm，轴距则为 2720mm。远舰会有 2.0L 和 2.4L GDI 汽油直喷发动机两款汽油动力可供选择。

首发：2010 年 2 月芝加哥车展

起亚 Ray

以福瑞迪为平台打造的 Ray 插电型混合动力概念车，全车采用轻量化材料和环保材料制造，车顶的六角型太阳能蓄电池板可以给空调等设备提供额外的电能，起亚宣称这台概念车的续航里程可以达到 1000km 以上。插电型的设计可以让概念车每次充电行驶 80km，而 1.4L 直喷发动机可以提供额外的续航能力。

首发：2010年9月巴黎车展

兰博基尼 Sesto Elemento 概念车

兰博基尼 Sesto Elemento 概念车大量采用了先进的碳纤维材料制造技术，质量得到有效控制，仅 999kg，而刚刚发布的 Gallardo LP 570-4 Superleggera 轻量化版本则达到了 1340kg。Sesto Elemento 概念车的动力采用 Gallardo LP 570-4 Superleggera 的 5.2L V10 发动机，最大功率 419kW，最大转矩 540N·m。Sesto Elemento 概念车从静止加速到 100km/h 仅需 2.5s，最高时速可以突破 300 km/h。

兰博基尼 Sesto Elemento 概念车采用的碳纤维强化复合材料(CFRP)除了运用在单体式非承载车身上面，同样也用于制造车头结构、车身覆盖件和防撞吸能盒（介于前后横梁与保险杠之间）。此外，碳纤维材料还用于悬架组件、轮毂和传动轴。

官方声称 Sesto Elemento 概念车投产的机会有 50% 左右，无论如何，它将在设计与技术方面为未来的兰博基尼车型提供方向。

首发：2010年9月罗马

兰博基尼 Gallardo LP 570-4 Blancpain Edition

兰博基尼和宝珀两家公司在罗马联手推出一款特别版跑车：Gallardo LP 570-4 宝珀版。该车配备了 Skorpius 轮毂，使用黄色喷涂制动卡钳，装备碳陶瓷复合材料制动碟。扩散器和后视镜框等车身组件均使用碳纤维制作，完美映衬了亚黑色外漆，巨大的尾翼代表了其源于赛道的精髓。

首发：2010年1月北美车展

兰博基尼 Reventon 敞篷版

身价超 100 万欧元的 Reventon 终于出了敞篷版，限量 20 台。新车采用新型的 CFC 复合碳纤维制成的车身，这种 CFC 目前多应用在战斗机的机身制作。车身颜色仍为 Reventon Grey 的哑灰黑色涂装，这是仅 Reventon 才有的专属颜色，更显得限量版的尊贵。发动机搭载 Murcielago 系列最高级车型 SuperVeloce 的 6.0L V12 发动机，最大功率 493kW，0~100km/h 加速仅需要 3.4s。

首发：2010 年 4 月北京车展

兰博基尼 Murcielago LP 670-4 SuperVeloce 中国限量版

Murcielago LP 670-4 SuperVeloce 中国限量版专为中国最具鉴赏力的超级跑车收藏家打造，全球限量发行 10 辆。中国限量版 LP 670-4 SuperVeloce 在外观设计上以青铜色作为基本色，寓意着中国古代雄伟的建筑以及坚不可摧的城墙石板，一条充满激情的金属橙色漆饰带贯穿车，表达了限量版无与伦比的性能：从静止加速到 100km/h 仅需 3.2s，最高时速高达 342km/h。

首发：2010 年 3 月日内瓦车展

兰博基尼 Gallardo LP 570-4 Superleggera

兰博基尼 Gallardo LP 570-4 Superleggera 的设计更加动感、车身更轻、动力更强、外观更炫，是 Gallardo 系列的全新顶级车型。其醒目的“超轻”标志凸显出它十足的运动特性，与已属轻质跑车的 Gallardo LP 560-4 相比，Gallardo Superleggera 的质量又减小了 70kg。现在，发动机罩下的 5.2L V10 发动机，输出功率为 419kW，0~100km/h 加速仅需要 3.4s，最高时速达 325km/h。

首发：2009 年 9 月法兰克福车展

蓝旗亚 Musa Poltrona Frau

蓝旗亚 Musa Poltrona Frau 是一款独特车型，它是意大利两个知名品牌在设计上的碰撞结果。Poltrona Frauo 为蓝旗亚的车型提供了完美的车内高技术皮革包裹支持，从皮革的加工，到柔韧度的保持；再从皮革的颜色处理，到与内饰整体布局的搭配，都精心考量。除此之外，这款特别版车型还增加了其他丰富的配置，包括 6 安全气囊、双区域空调、16in 合金轮毂等。

首发：2010 年 3 月日内瓦车展

蓝旗亚 Musa showcar

小车也可以做得很豪华，这是兰旗亚给我们的启示。2010 年日内瓦车展上亮相的这台展示车，采用了三色的车身设计，在不同的光线下能散发出让令人惊叹的效果，仅是车顶用皮革包裹就足显其豪华之处。车内仪表台采用双色的皮革缝制，上半部分为浅蓝色，下半部分为灰黑色；车顶采用了顶级的 Alcantara 皮革，座椅则用仪表台相同的浅蓝色，同样为 Alcantara 皮革。

首发：2010年3月日内瓦车展

蓝旗亚 Delta serie speciale

为了表达在降低了花费、尺寸和燃油消耗的前提下，还能提供出色的性能和豪华，兰旗亚在2010年初，向欧洲发布了 Delta serie speciale 特别系列车型。在外型上，特别车型采用了全黑的涂装，包括抢眼的镀铬外后视镜和夸张的18in轮毂，而车内采用了米色的皮革呈现豪华的感觉。动力方面可以选择147kW 1.8L发动机和142kW 1.9L MultiJet发动机。

首发：2009年9月法兰克福车展

蓝旗亚 Delta Executive

Delta的行政版定位于商业客户，因此它的亮点是乘客舱的后部区域。商务级座椅更加温馨和舒适，在向后移动后，后排座椅具有更大的腿部空间，这特别有益于长途旅行。虽然后座的空间及舒适度直逼更宽大的豪华轿车，但Delta与生俱来的燃油经济性与那些豪华轿车拉开差距。在拉奎拉G8峰会上，这款车被选作国际代表团交通工具也就不奇怪了。

首发：2009年9月法兰克福车展

蓝旗亚 Ypsilon ELLE

这是蓝旗亚与全球知名时尚杂志ELLE共同推出的以Ypsilon为基础的特别车型。车身采用了独特效果的粉红色。车身增加了大量的镀铬细节修饰，包括散热器格栅、后保险杠、门把手和车门防擦条等。另外，16in合金轮毂也喷涂与车身相同的粉红色油漆，采用了亚光效果增加精致氛围。

Land Rover
路虎

首发：2010 年 1 月北美车展

路虎 Evoque

全新的路虎 Evoque 拥有完美的 coupe 流线设计，它是迄今为止路虎系列中体型最精巧、质量最轻、耗油最少的一款车型。

Evoque 外表非常的动感：凸起的车身腰线、硬朗的车肩和与众不同的悬浮式车顶，散发独特的魅力。内饰沿袭经典的揽胜车系设计，凸起的中控台设计外观刚劲，仪表板的横向设计纯粹而典雅。未来简洁感的内饰表面，突显材料的高品质和世界级的精细做工。车身照明设备采用先进的 LED 技术，可以根据喜好调整颜色。

Evoque 采用 2.0L 涡轮增压发动机，最大功率 184kW，二氧化碳排放仅 133g/km。

首发：2010 年 6 月上市发布

路虎 揽胜

2011 款的路虎揽胜在外观上变化不大，只是在细节上做了精细化处理，而全新柴油发动机的登场和新装备的加强才是核心。全新的 4.4L V8 柴油发动机取代了现有揽胜柴油车型上的 3.6L 发动机，新的 V8 柴油发动机最大功率为 230kW，较之前款提升了 15%，0~100km/h 仅需 7.5s，较之前款快了 1.1s，最高时速为 208km/h，平均油耗 9.8km/L。

首发：2010年6月40周年庆典

路虎 揽胜 Autobiography 40 周年限量黑色版

为了纪念揽胜车型诞生40周年，路虎特意推出了这款顶级的限量版车型。全车采用亮黑喷涂，20in合金轮毂，抢眼的U形镀铬前格栅，包含独特的网眼格栅罩。同样的风格也可以在车侧面找到。车内的风格延续了Autobiography限量版双色调的风格，精致、豪华，皮革及桃木转向盘更显贵气，所有的细节尽量路虎揽胜40年的辉煌成就。

首发：2009年12月英国发布

路虎 神行者2运动版

只在英国市场销售的神行者2运动版增加了与车身同色的外部运动套件、尾部扰流板以及19in轮毂。同时，运动版神行者2还可以选装前后新运动风格的保险杠。车内运动版采用双色座椅，头枕上还有Sport标记。黑色中控台以及全新的车内地毯也是新车的装备。采用2.2L TD4柴油发动机，最大功率119kW，最大转矩400N·m，有手动或自动变速器供选择。

首发：2009年9月法兰克福车展

路虎 揽胜 Autobiography 运动限量版

限量生产250辆的路虎揽胜Autobiography运动版搭载5.0L V8机械增压发动机，最大功率380kW，0~100km/h加速只需5.9s。所有车辆车身涂装均为亮黑色，车头换上了镀铬散热格栅、LED尾灯，运动风格的的前后保险杠、侧面裙边、后扰流尾翼和十幅式铝合金轮毂。内饰颜色和所有的座椅都使用了漂亮的双色皮革，在迎宾踏板和座椅头枕上都镶着Autobiography Sport字样，以示其特殊的身份。

首发：2009年12月英国发布

路虎 神行者2 White & Black 特别版

这是路虎面向英国市场推出的两款特别车型，外形上与普通神行者2车型相比并没有明显区别，新增加了17in合金轮毂，后排以及行李舱安装了暗色的隐私玻璃。在车身颜色上仅有纯黑以及纯白两种颜色可选。两款车型均搭载了经济高效的2.2L柴油发动机，匹配路虎系列车型中少见的6速手动变速器，省油方面再下一城。

Lexus
雷克萨斯

首发：2010年5月发布

雷克萨斯 LFA Nurburgring 限量版

原版还未上市，雷克萨斯即刻推出了LFA的纽布格林赛道特别版，限量仅50台。该车仍采用4.8L V10发动机，最大功率有419kW，换挡时间更快，比原版缩短了0.05s。这款特别版采用了抢眼的黄色涂装（共有四色可选），增加了在纽布格林测试时LFA原型车的许多空气动力学套件，让这款街车拥有更多的赛道特性。

首发：2010年3月日内瓦车展

雷克萨斯 CT 200h

雷克萨斯混合动力新车CT 200h车长4320mm、宽1765mm、高1430mm，轴距2600mm，比起丰田普锐斯，同属紧凑型轿车的CT 200h体积更小。动力方面，新车搭载1.8L VVT-i发动机，电动机输出的功率通过电控CVT变速器作用在前轴上。CT 200h采用前麦弗逊，后双叉臂式独立悬架，搭配17in合金轮毂。目的是在经济环保的前提下提高驾驶乐趣。

首发：2009年10月东京车展

雷克萨斯 LFA

在2009年东京车展亮相的LFA是雷克萨斯F系列高性能跑车中的巅峰之作。强劲的动力输出、卓越的底盘设计和精益求精的空气动力学构造，为LFA成就灵敏的整车响应；全新4.8L V10高转速发动机，在加速时能够产生一种独特而颇具赛车风格的轰鸣声。LFA车身采用轻质高强度的碳纤维增强塑料，加上双叉臂式设计的前悬架和多连杆式结构的后悬架，能带来稳定的操控性能。

首发：2010 年 1 月北美车展

林肯 MKX

2011 款的林肯 MKX 采用新的 3.7L V6 发动机，最大功率 227kW，峰值转矩 380N·m。新车增加了许多标准装备，包括遥控起动，自适应定速巡航和带有制动支持的防碰撞预警系统以及带有路口交通警报系统的盲点信息系统。前脸以及尾灯组有着明显的变化，采用了现在林肯家族式的分隔双翼风格水箱格栅，大气而豪华。

首发：2010 年 4 月纽约车展

林肯 MKZ 混合动力

与福特 Fusion 混合动力车相同动力源的 MKZ 混合动力车，是林肯首台混合动力的绿色汽车。它在纯电动车模式时最高时速可以达到 76km/h，油耗仅 6L/100km。动力来源是一台阿特金森循环的 2.5L 发动机，与电动机搭配最高可以输出 142kW 强劲功率。虽然动力相同，但林肯的混合动力车更加的豪华，内饰采用的皮革和桃木也更加的环保。

技术参数

发动机	直列 4 缸
排量（L）	2.5
功率（kW）	142
转矩（N·m）	184
变速器	eCVT
0~100km/h 加速（s）	9.8
最高时速（km/h）	220

Lotus 莲花

首发：2010年3月日内瓦车展

莲花 Evora Carbon 概念车

莲花的这款概念车在外形上没有多大的变化，以 Evora 车型为基础，采用了大量的碳纤维材料，包括白色的车顶、车内的饰板等。另外车内的多孔皮革和无光泽 Alcantara 材料也是亮点。19in 的合金轮毂加上倍耐力 P-Zero Corsa 轮胎，让 Evora 更具超级跑车气质。

首发：2009年10月东京车展

莲花 Exige Stealth

限量 35 辆并专为日本市场打造的 Exige Stealth 采用了亚光黑涂装，3 条光亮的“幻影黑”装饰条贯穿前后突显运动风范。专门设计的轻型轮毂也采用亚光黑涂装，搭配的是横滨“A048 LTS”轮胎。前车鼻、前方与侧进气口、后扰流板、运动座椅、中控面板都由碳纤维加强塑料制成，质量比 Exige S 小 10kg，全车总质量仅为 925kg。

首发：2010年3月日内瓦车展

莲花 Evora 414E 混合动力 概念车

以驾驶乐趣为造车哲学的莲花同样关注环保，这台 Evora 414E 混合动力概念车采用了小排量发动机加大功率电动机的组合方式，1.2L 的直列三缸发动机，最大功率 54kW；两个电动机，功率分别为 152kW，让 Evora 414E 混合动力车的总功率达到了 358kW。这款概念车所装备的锂聚合物蓄电池组在电力驱动模式下可持续行驶 56km，混合动力模式下更可连续行驶 483km。

首发：2010 年 3 月日内瓦车展

莲花 Elise

2011 款的莲花 Elise 在外观上有较大的变化，包括采用了类似于 Evora 车型风格的前保险杠和更大的进气格栅。新搭载的 1.6L 发动机，最大功率为 100kW，二氧化碳排量 155g/km；Elise R 车型采用 1.8L 发动机，最大功率 141kW，二氧化碳排量 196g/km；Elise SC 车型采用 1.8L 机械增压发动机，功率 162kW，二氧化碳排量 199g/km。

首发：2009 年 12 月英国

莲花 Exige S Type 72

2010 年莲花重返 F1，而在过去，莲花曾在 F1 赛道上创造过辉煌。莲花汽车推出的 Exige S Type 72 特别版车型，即是纪念上世纪曾在 F1 比赛中获得佳绩的 Type 72 赛车（1970~1975 年间赢得了 20 个分站赛冠军）。新车采用了碳纤维运动座椅、防滚架、牵引控制系统以及两个油冷却器、5 辐式黑色合金轮毂等。

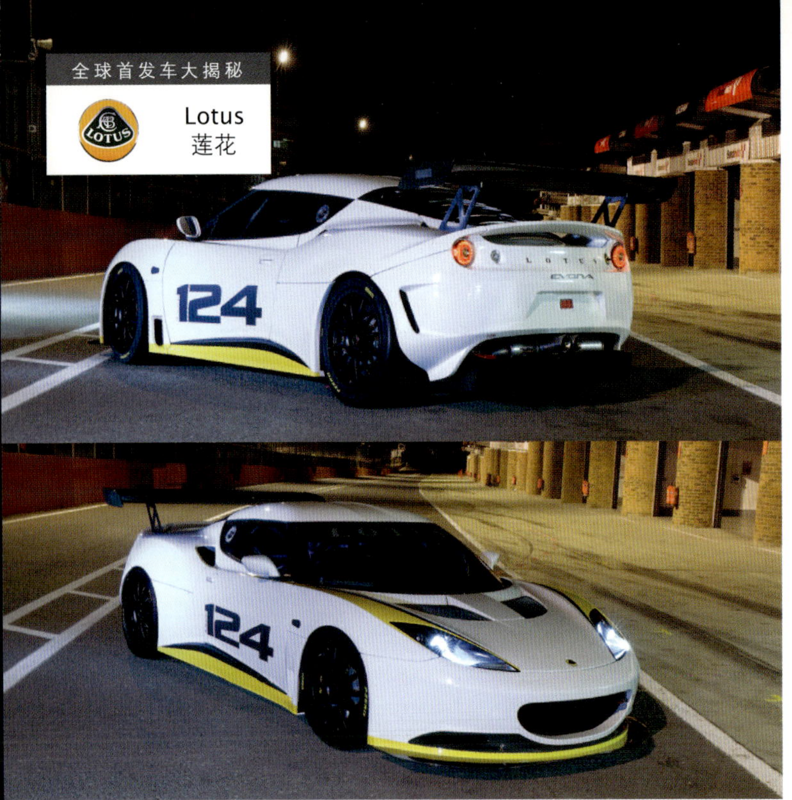

首发：2009 年 9 月法兰克福车展

莲花 Evora Type 124 耐力赛车

Evora 拥有非常良好的赛车基础：中置发动机布局，极其刚强的车身，铝底盘，非常结实而轻量化的铸铝叉臂。所有这些元素使得 Evora 从街车至赛车的转变异常容易。首先是重新调校了这台丰田的中置 V6 发动机，功率超过 294kW。而车的质量减小了 200kg，为 1200kg 左右，这些指标都是严格按照赛事规则而来的。

首发：2010 年 1 月伯明翰赛车展

莲花 Evora Cup 赛车

基于 FIA GT4 规格和可以适用于不同 GT 系列赛的设计思路，莲花打造了这款 Evora Cup 赛车。这款赛车搭载的丰田 V6 发动机的排量增加到了 4.0L，另外还配备了干式润滑系统。这款发动机的最大功率达到 295kW，动力通过一台 6 挡 Cima 序列式竞赛变速器传递。通过轻量化的打造，在减去公路量产版多余的 200kg 后，这款赛车版质量只有 1179kg。

首发：2009 年 9 月法兰克福车展

莲花 Elise Club Racer

Elise Club Racer 特别版采用了莲花在 60 年代经典的 4 个色彩主题，黄色、碳灰、天蓝及英伦白。车内有大量的此特别版的专属设计，比如牢固而极具支撑力的座椅采用的是轻质的微纤维座垫，又舒适，质量又小，而且座椅也特别突出了与车身同色的外壳。车身颜色也贯穿于车内的其他地方，例如变速器通道、车门上的修饰等。

首发：2010 年 1 月北美车展

玛莎拉蒂 总裁 Sport GT S 获奖纪念版

自从 2003 年在法兰克福车展首次面世以来，玛莎拉蒂总裁（Quattroruote）轿车已经令人惊羡地获得了一大批国际奖项。为了庆祝这些成就，玛莎拉蒂推出了一款总裁 Sport GT S 获奖纪念版轿车。获奖纪念版的特征是"黑亮"镀铬装饰，新设计的 20in 深灰色轮毂。座椅中部采用打孔 Alcantara 材料，具有新型波纹装饰样式；木材装饰带有光滑的黑色钢琴漆表面，更添豪华氛围。

首发：2009 年 9 月法兰克福车展

玛莎拉蒂 GranCabrio

作为 GranTurismo 轿跑车的敞篷版本，GranCabrio 搭载与 GranTurismo S 车型上相同的动力，4.7L V8 发动机，最大功率 323kW。而其敞篷可以在时速 30km/h 以下进行开启，整个开启过程用时 28s，风阻系数在顶篷闭合状态为 0.35，顶篷开启状态增至 0.39。GranCabrio 的帆布软顶质量非常轻，整个顶篷系统仅为 65kg，这有助于提升车辆的道路行驶性能。

首发：2010 年 3 月日内瓦车展

玛莎拉蒂 GranTurismo S MC Sport Line

玛莎拉蒂的 Granturismo S MC Sport Line 仅仅限量发售 12 辆。之所以发售 12 部，是为了纪念旗下 MC12 赛车在各大耐力赛事中获得的无数殊荣。新车采用了大量的赛车用碳纤维造，运动轮毂以及特别的赛车运动样式设计，动力系统依然搭载那台 4.7L V8 自然吸气发动机，最大功率 328kW，0~100km/h 加速仅需要 4.9s。

技术参数

发动机	V8
排量（L）	4.7
功率（kW）	328
转矩（N·m）	490
变速器	MC-Shift6 速自动
0~100km/h 加速（s）	4.9
最高时速（km/h）	295

首发：2010 年 4 月北京车展

迈巴赫 57/62

迈巴赫将小改款放到中国首发足以证明其对中国市场的重视。亮相于 2010 年北京车展的改款迈巴赫在外表上没有过多的改动，只是在细节上做了更精细的处理。格栅和雾灯改动较为明显，长增加了 11mm，宽增加了 17mm。依旧使用 5.5L 或者 6L 的发动机，功率略微上升，但燃油消耗明显下降，迈巴赫 57 车型，油耗降至 13.1L/100km。而 57S 和 62S 则搭载了双涡轮增压的 V12 发动机，提供 404kW 的最大功率，但是燃油经济性达到了 12.5L/100km。

首发：2010 年 7 月古德伍德赛车节

MP4-12C

具有传奇色彩的迈凯轮终于又在街道用车方面投出重磅炸弹，2009 年公布了其全新的超级跑车 MP4-12C 的图片之后，2010 年的英国古德伍德速度节上，迈凯轮正式向公众展示了这台猛兽。MP4-12C 采用革命性的单体碳纤维底盘结构，坚固且质量十分轻盈，整体质量仅 80kg。迈凯轮自己的 3.8L V8 双涡轮增压发动机，功率 447kW，转矩 600N·m，配合无缝换挡的双离合器变速器，0~100km/h 加速仅 3s，最高时速大于 320km/h。

技术参数

发动机	V8
排量(L)	3.8
功率(kW)	447
转矩(N·m)	600
变速器	7 速 SSG
0~100km/h 加速(s)	3
最高时速(km/h)	320

Mazda
马自达

首发：2010 年 3 月日内瓦车展

马自达 MX-5 20 周年纪念版

马自达在 MX-5 20 周年时推出一款特别车型，该车型外观上增加了大量的镀铬装饰，配备了 17in 合金轮毂，另外还增加了独特的光蓝、水晶珍珠白和真红三种颜色。动力方面新车标配 1.8L 自然吸气发动机，而新的 2.0L 自然吸气车型配备发动机自动起停装置，有效的提高了燃油经济性。

首发：2010 年 3 月日内瓦车展

马自达 5

全新的马自达 5 采用了现在马自达标志性的前脸设计，柳叶式的前照灯、大嘴前格栅、凌厉的前唇边使新马自达 5 的更有霸气、更时尚也更运动。尾部最大的变化就是尾灯从 C 柱竖形排列变成了传统的横排，最大的好处就是行李舱开口更宽，方便大件物品的搬运。新马自达 5 有两驱车型和 4 驱车型供选择，不过进口到国内的一般为两驱车型，变速器有 4 速自动和 5 速自动供选择。

首发：2009 年 9 月法兰克福车展

马自达 MX-5 Superlight

经过 20 年的洗礼，马自达 MX-5 已经成为了世界上销量最好的两座运动汽车。2009 年的法兰克福车展上，马自达将这台极受观迎的小车打造成一台全新的展示车，MX-5 Superlight。这台车将马自达的轻质量技术推向一个新的水平，从而改善其驾驶性能、操控、燃油经济性和二氧化碳排放。没有前风窗玻璃的激进外表设计加上极运动的底盘设置，使纯粹的驾驶乐趣再创新高。

技术参数

发动机	直列4缸
排量(L)	1.8
功率(kW)	88
转矩(N·m)	165
变速器	5速手动
0~100km/h 加速(s)	11.4
最高时速(km/h)	196

首发：2010年3月日内瓦车展

马自达 6

2010年日内瓦车展上亮相的小改款马自达6外观变化不大，只是在前脸以及尾灯等处有所改动，前脸格栅上部增加了一条粗壮的镀铬饰条，下部进气口变的更大，并且雾灯的位置也与全新马自达3和马自达5车型一致。内饰也得到升级，并校正了其底盘设定，以获得更好的操控性能。其他的改动还包括使用了随动转向前照灯以及斜坡起步辅助等。

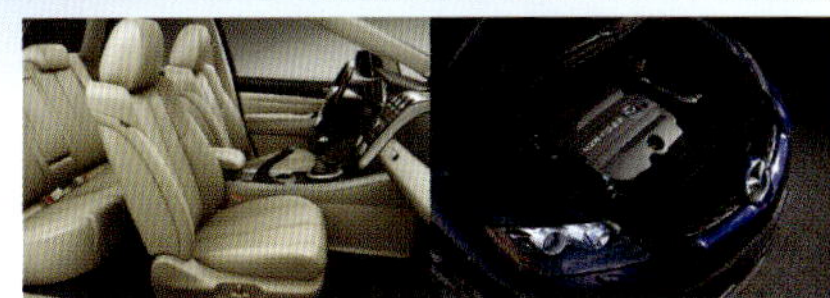

首发：2009年9月法兰克福车展

马自达 CX-7

全新改款的CX-7采用了新马自达3式的大嘴式前格栅设计，保险杠两侧的雾灯区域和进气口变大，车身多个地方加了铬合金装饰条，后视镜上也增加了转向灯，整车看起来更加的精致。新的CX-7搭载一台127kW MZR-CD 2.2L涡轮柴油发动机，这台柴油发动机适合欧5排放要求，采用了选择性催化还原(SCR)技术，氮氧化物降低了40%。

Mercedes-Benz
奔驰

首发：2010 年 4 月纽约车展

奔驰 R 级

2010 年的纽约车展上，奔驰推出了全新一代 R 级豪华多用途车。外观设计有较大的变化，前款柔滑的线条现在变得更加的刚毅，前脸几乎重新设计，增加了 LED 日间行车灯。内饰方面改动不大，只是一些细节处理更加的精致，动力方面有 3.0L、3.5L、5.5L 三款发动机供选择，功率分别为 170kW、200kW 和 285kW。

首发：2010 年 9 月巴黎车展

奔驰 CL 级

CL 级的改款在 2010 年的巴黎车展上正式上演。新车改动不大，采用了更加垂直的前格栅、新的前照灯设计和 LED 日间行车灯；车尾灯组全由 LED 组成，后保险杠也有是新的风格，矩形的排气管看起来更加具有动感。全新的 V8 双涡轮增压发动机，最大功率 320kW，平均油耗仅 9.5L/100km，这比前款降低了 23%，二氧化碳排放也从 288g/km 降低至 224g/km。

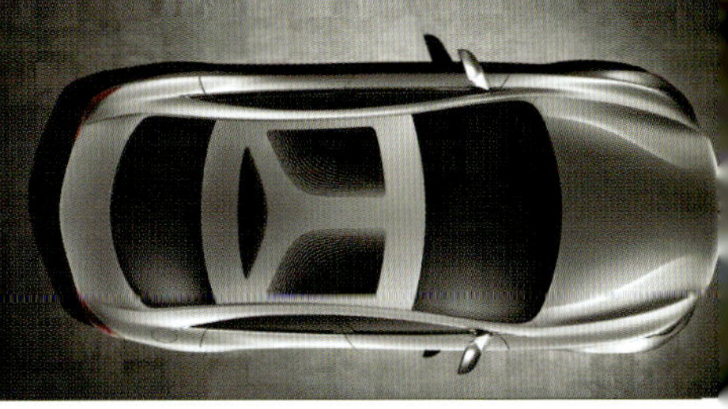

首发：2010 年 3 月日内瓦车展

奔驰 F 800 Style 概念车

F 800 Style 概念车可选装插电式混合动力或 F-CELL 氢燃料电池动力两种系统。在配备插电式混合动力系统情况下，油耗仅 2.9L/100km，二氧化碳排放量也低至 68g/km；新一代燃油直喷 V6 发动机和混合动力模块可共同输出约 300kW 的功率，续航能力达到 700km。而在配备 F-CELL 氢燃料电池动力系统的情况下，F 800 Style 概念车的输出功率可以达到 100kW，最长行驶里程能够达到近 600km。

首发：2010 年 4 月北京车展

奔驰 Shooting Break 概念车

Shooting Break 四门掀背概念车以其对纯粹动力、极致功能及潮流设计的完美融合，向世人传递出未来汽车的设计语言。狭长的发动机罩及动感的车顶线条流畅的延伸至车尾，并与宽大的车体交相呼应，这种经典、动感的设计及平衡的车身比例体现了它对 CLS 四门轿跑车的完美传承。概念车采用了 V6 发动机，排量仅为 3.5L，最大功率 225kW，最大转矩 370N·m，其澎湃动力令人期待。

首发：2010 年 4 月北京车展

奔驰 E 级 长轴距版

作为 E 级家族的最新成员，梅赛德斯—奔驰全新长轴距 E 级轿车车身较同代进口 E 级轿车增加了 140mm，长达 5012mm，并可选装两款输出功率高达 150kW 及 180kW 的汽油发动机，同时在安全装备、悬架等方面进行了合理设计和调校。新 E 级长轴距版以优雅且时尚的外观设计、卓越的驾驶体验、出众的舒适感以及全方位的安全性能，为中级豪华行政座驾树立了全新标准。

首发：2009 年 9 月法兰克福车展

奔驰 E 级 旅行车

作为 E 级轿车的最新成员，全新 E 级旅行版沿袭了所有 E 级轿车的技术特点，而 BlueEFFICIENCY 技术的应用更令全新 E 级旅行车具有出众的燃油经济性。新车比前款更长也更高，后行李舱空间也更大，达到 1950L；行李舱隔板与尾门皆为电动操作方式，容易而简单；后座座椅可以折叠放平，形成与地板平行的超大储物空间，将实用性发挥到极致。

首发：2010 年 1 月北美车展

奔驰 E 级 敞篷跑车

全新 E 级敞篷跑车搭载了奔驰头颈暖风系统及自动挡风系统等创新设计，在宽敞的四座乘坐空间内为驾乘者营造出“四季皆宜”的体验。自动挡风系统只需轻触按钮，车辆前风窗玻璃顶端和两个后座之间就会各升起一块扰流板，由此改变气流方向，在车内形成一个温暖、舒适的空间；而头颈暖风系统置于前排座椅靠背上，通过头枕出风口提供暖风，如同隐形围巾一样呵护着驾乘者的头部和颈部。

首发：2010 年 3 月日内瓦车展

奔驰 G 350 BlueTEC

G 级硬派越野车也加入到环保阵营，G 350 BlueTEC 便是最好的例证。该车由一台 V6 柴油发动机驱动，其最大功率为 155kW，最大转矩为 540N·m。动力通过 7G-TRONIC 七速自动变速器传递。G 350 BlueTEC 可以提供短轴距、长轴距和敞篷车三种版本，适合欧 5 排放标准，氮氧化物排放降低了 50%。

首发：2010 年 3 月日内瓦车展

奔驰 E 300 BlueTEC 混合动力

柴油混合动力车 E 300 BlueTEC 搭载了装有 2.2L 四缸柴油发动机及电动机的混合动力模块，在保持强大输出功率的同时，大幅降低了能源消耗及二氧化碳排放量——油耗仅 4.1L/100km，而二氧化碳排放量仅 109g/km。此外，E 300 BlueTEC 混合动力汽车安装的电动机也能令其仅依靠纯电力行驶。

首发：2009 年 9 月法兰克福车展

奔驰 Vision S 500 插电型混合动力

在刚刚推出 S 400 混合动力之后，奔驰又即刻展示了又一款非常节油的顶级豪华轿车——Vision S 500 插电式混合动力轿车。领先的混合动力模块赋予了 Vision S 500 插入式混合动力轿车 3.2L/100km 的超低油耗，而其二氧化碳排放量也只有 74g/km。在充电站充满电之后，Vision S 500 插入式混合动力轿车可以在蓄电池动力的单独驱动下续航 30km，实现真正的零排放行驶。

首发：2010 年 3 月墨西哥

奔驰 SLS AMG GT3

SLS AMG GT3 是 AMG 专为客户开发的市售版赛车，经过工程师对 SLS AMG 进行赛车化改装后，该车型完全符合 FIA（国际汽联）颁布的 GT3 参赛标准。SLS AMG GT3 除了大量使用轻量化碳纤维材料来修饰外型外，在车身两侧前轮拱前方还加装了鳍状导流翼片，能在高速时增加前轴下压力。发动机罩上方的散热孔不仅能强化发动机的散热功能，更可与轮拱后方的通风口设计相搭配，降低风阻系数。

首发：2010 年 3 月日内瓦车展

奔驰 SLS AMG F1 官方安全车

奔驰一直是 F1 安全车的提供商，许多 AMG 的奔驰跑车都当过安全车。2010 年赛季奔驰拿出了全新的 SLS AMG 欧翼跑车，作为最新的安全车。SLS AMG 安全车配备有 LED 警示灯、前后路面监控、双通道无线电通信、AMG 赛车座椅及 FIA 指定的四点式安全带等装备。其余的配置则与道路版的 SLS AMG 完全相同。

首发：2009 年 9 月法兰克福车展

奔驰 SLS AMG

奔驰 SLS AMG 非凡的外观设计充满着富于激情的动感元素，尤其是它的线条，将刚毅和柔美融为一体，令人神往。为了向多年前代表梅赛德斯—奔驰设计风尚标的经典车型——300 SL 致敬，SLS AMG 超级跑车将 300 SL 纯粹、非凡、激情的经典设计——鸥翼车门继续延承。SLS AMG 排量为 6.3L 的 V8 发动机最大功率 420kW，配合 7 速双离合变速器和全铝轻量化车身结构，静止加速至 100km/h 仅需要 3.8s。

首发：2009年12月迪拜车展

奔驰 SLS AMG Desert Gold

亮相于迪拜车展的奔驰SLS AMG沙漠金特别版采用了闪亮的黄金色喷涂，并以黑色细节设计为辅助，贵气十足。前后轮胎装配有AMG提供的黑色轮毂，尺寸分别为9.5in x 19in.和11.0in x 20in。车内部配备了运动座椅，碳纤维中控台以及其他碳纤维装饰件。动力保持于SLS AMG相同，6.3L V8发动机，最高时速317km/h。

首发：2009年9月法兰克福车展

奔驰 E 63 AMG 旅行车

这台世界上最快的旅行车采用AMG 6.3L V8发动机，最大功率386kW，较之以前型号增加了8kW；最大转矩达到了630N·m，0~100km/h加速仅需要4.6s，最高时速电子限速在250km/h。虽然性能惊人，但实用性仍不打折扣，后部空间可以从695L扩大到1950L，油耗也并非高不可攀，仅12.8L/100km。AMG的7速SPEEDSHIFT MCT变速器采用了湿式离合器，代替了以前的转矩转换器，不仅省油且性能出众。

首发：2009年12月迪拜车展

奔驰 G 55 AMG KOMPRESSOR Edition 79

G 55 AMG这款特别版的Edition 79代表着两层意思，首先是记念G级车在1979年诞生，其次是这款限量版仅生产79台。每台车的中控台上都有独一无二的出厂序列号，车身采用灰色的涂装，哑光钛金色轮毂十分抢眼；内饰多用碳纤维材料作修饰。动力方面，最大功率达到373kW，转矩达到700N·m。

首发：2010 年 9 月巴黎车展

奔驰 CLS

全新的奔驰 CLS 是奔驰新的设计语言的首款新车，它将预示着未来更多奔驰车的设计方向。车头最大的特点是完全新设计的格栅，采用了单片式设计，中央的奔驰标志更大更显眼，这样的设计，是标准的奔驰 SL 级特色，有超过 50 年的传统。另一个特色是新 CLS 的前照灯采用全 LED 设计，总共 71 颗 LED 灯比以前的灯光系统效果更好。

车内一切都是全新的，包括完全与众不同的三辐式转向盘设计。内饰的用料及配色更加的精致，突出永恒华贵的感觉。

首发：2010年9月巴黎车展

奔驰 S 63 AMG

新的奔驰S 63 AMG，采用全新开发的5.5L双涡轮增压V8发动机，最大功率420kW，最大转矩900N·m。配合SPEEDSHIFT MCT 7速变速器，S 63 AMG从静止加速到100km/h只需要4.4s。虽然性能有大幅度的提高，但是整体油耗水平却下降了25%，现在S 63 AMG的油耗仅10.5L/100km。

首发：2010年9月巴黎车展

奔驰 CL 63 AMG/CL 65 AMG

改款的CL刚上市奔驰即推出了其最高性能版本，分别为CL63 AMG和CL65 AMG，前者的V8双涡轮增压车型采用全新的动力单元，最大功率420kW，转矩达900N·m；后者的6.0L V12双涡轮增压发动机，功率从450kW增至463kW，转矩电子控制在1000N·m，而最大其实可达到1200N·m，其0~100km/h加速仅需要4.4s。

技术参数

车型	CL63 AMG	CL65 AMG
发动机	V8	V12
排量(L)	5.5	6.0
功率(kW)	420	463
转矩(N·m)	900	1000
0~100km/h加速(s)	4.4	4.4
最高时速(km/h)	300	250

首发：2010 年 3 月日内瓦车展

迷你 Countryman

迷你 Countryman 是一款纯正的创新跨界车，作为第一款长度超过 4m 的迷你，迷你设计特征依然一目了然。短小的前后悬、升高的车窗线条、充满力量感的轮胎和四面环绕的车窗形状创造了迷你特有的造型比例。车顶轮廓线，六角形散热器格栅、集成在发动机罩上的硕大前照灯、侧转向灯镶圈、宽大的轮毂以及竖直的尾灯组都重新诠释了迷你的经典风格。动力方面，迷你 Countryman 已公布的有三款汽油发动机和两款柴油发动机可供选择，最大输出功率可达 135kW。

首发：2010 年 1 月北美车展

迷你 Beachcomber 概念车

Beachcomber 概念车其实就是迷你 Countryman 的预演，它传递的信息远远高于专注的驾驶乐趣，Countryman 车型显著的潜质也得以清晰的呈现，将 20 世纪 60 年代经典迷你 Moke 前卫的敞篷特征恰当地融入了现代的设计风格，不落俗套的敞篷体验和驾驶激情证明了迷你 Beachcomber 概念车的创新风尚。别具匠心的内饰、4 个车门、4 个座椅，加上最新研发的四轮驱动系统，这都足以让 Beachcomber 概念车成为众人的焦点。

Mini
迷你

首发：2009年9月法兰克福车展

迷你 Roadster 概念车

迷你 Roadster 概念车纯粹的个性、优雅的设计以及令人着迷的驾驶特质令这款双座敞篷跑车吸引着无数现代、时尚而又信心满怀的车迷。它的软顶篷可以迅速开启和关闭。迷你 Roadster 概念车拥有独特的车身比例，典型的迷你元素，高品质的内饰体现了敞篷车的优雅，内饰的色调与材质突显了鲜明的风格和顶级的触感。动力来自迷你 Cooper S 的 1.6L 双涡管涡轮增压直喷发动机，最大功率达 128kW。

技术参数

发动机	直列4缸
排量(L)	1.6
功率(kW)	155
转矩(N·m)	260
变速器	5速手动
0~100km/h 加速(s)	8.1
最高时速(km/h)	195

首发：2009年9月法兰克福车展

迷你 Coupe 概念车

迷你 Coupe 概念车彰显了运动型汽车的风范以及高性能发动机的出色性能。低车顶、精致的扰流板以及空气动力学套件的使用带来卓越的性能和效率。搭载了来自迷你 John Cooper Works 车系动力最强劲的 1.6L 双涡管涡轮增压发动机，在各方面均能凸显其卓越性能，最大功率达 155kW，最大转矩达 260N·m。

Mitsubishi
三菱

首发：2010 年 3 月日内瓦车展

三菱 ASX

三菱 ASX 原型车为 2007 年在法兰克福车展上展出的 CX 概念车，采用三菱新的家族式设计风格，鲨鱼式的前脸很有视觉冲击力。全长 4295mm、全宽 1770mm、全高 1615mm，比三菱欧蓝德要小整整一圈。ASX 有两驱和四驱两个版本，动力上采用 1.8L 的三菱 4B10 发动机，最大功率为 102kW，最大转矩为 171.5N·m。匹配带手动换挡模式的 6 速 CVT 变速器。

首发：2009 年 10 月东京车展

三菱 PX-MiEV 概念车

PX-MiEV 是一台新时代跨界概念车型，它采用插入式混合动力技术以及新的 S-AWC 超级四轮控制系统。前后车轮分别由两台功率 60kW、转矩 200N·m 的电动机驱动，另有一台 1.6L 汽油发动机最大功率 85kW，最大转矩 125N·m，负责驱动前轮。此外，概念车还采用了为乘客提供舒适室内环境的 cocochi 内饰设计 ，并应用了多项最新型安全技术。

首发：2009 年 10 月东京车展

三菱 i-MiEV Cargo 概念车

双座 i-MiEV Cargo 是在量产版 i-MiEV 基础上开发的一台小型电动商用车，内部空间可以根据需要进行调整，非常灵活，整个行李舱空间超过 1750L。

立方体型的车尾造型使内部每一寸空间都能有效利用。该车配备的电动机最大功率 47kW，峰值转矩 180N·m，采用后轮驱动。充满一次电后行驶里程为 160km。

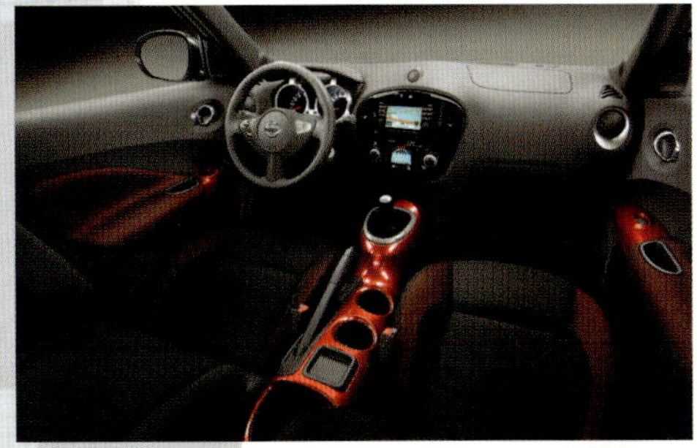

首发：2010 年 3 月日内瓦车展

日产 Juke

日产 Juke 基于 2009 年日内瓦车展亮相的 Qazana 概念车，另类而且时尚的外表专为城市年轻人而打造。日产 Juke 大尺寸的轮毂、宽胎以及较高的离地间隙，是一款标准的 SUV。其较高的腰线以及倾斜的车顶弧线有点 Coupe 跑车的感觉。日产在欧洲市场为 Juke 提供了 3 种不同的动力配置。在汽油动力方面，1.6L 涡轮增压发动机在缸内直喷技术的帮助下，拥有 140kW 的最大功率和 240N·m 的峰值转矩，为 Juke 顶配车型。

首发：2009 年 10 月东京车展

日产 聆风（Leaf）

日产聆风为5门5座掀背轿车，由层叠式紧凑型锂离子蓄电池驱动，在完全充电情况下可实现 160km 以上的巡航里程。采用 200V 家用交流电，大约需要 8h 可以将蓄电池充满；而 10min 的快速充电，便可提供其行驶 50km 的用电量，日产聆风于2010年底在欧美以及日本市场上市，2011 年进入全球市场。

首发：2010 年 3 月日内瓦车展

日产 玛驰（March）

全新的第四代日产玛驰基于 V 型小车平台，该平台的零件集成度更高，数量更少，成本更低；另外，通过重新设计零部件，使车辆质量更小，从而提高燃油经济性。首先于日本上市的玛驰搭载 1.2L 自然吸气和 1.2L 直喷机械增压两款 3 缸发动机，配备 5 挡手动和 CVT 两款变速器。同时，自动挡车型还匹配了停车 / 起动系统。而国产玛驰的动力系统首先采用 1.5L 发动机，未来有望引入 1.2L 机械增压的版本。

首发：2010 年 3 月日内瓦车展

日产 逍客（Qashqai）

2010 年日内瓦车展上，日产推出了新改款的逍客，前脸的设计改动较大，包括新设计的前格栅、保险杠和雾灯风格，并可以选择 16in 和 17in 大尺寸轮毂。车内新逍客配备了全新的背光仪表盘，并且中央行车电脑的显示屏背光也变白色，视觉效果更加醒目。行车电脑集成了巡航控制、平均油耗和电子限速等信息显示。欧洲款配备了配置 1.6L 汽油发动机和 2.0L 柴油驱动车型。

首发：2010 年 7 月欧洲

日产 Murano

日产在 2010 年 7 月发布了新改款的 Murano，新车在动力配置上新增加了一款 2.5L 柴油发动机，功率增加了 11%，达到了 140kW，最大转矩为 450N·m。外观方面主要是前脸部分发生了变化：全新的前格栅设计，增加了更多金属元素；保险杠下部的区域以及雾灯周围的造型也发生了明显变化，让它的整体外观感觉更为阳刚与优雅。

首发：2009 年 10 月东京车展

日产 Land Glider 概念车

日产 Land Glider 概念车是一款主推“新城市移动概念”的全新零排放电动车。纵向的双座子弹型车身，提供了舒适科学的个人空间与驾驶乐趣。其最大的特色是 Land Glider 的 4 个轮胎均能倾斜 17°，在转向时车身也能随着倾斜，其角度取决于车速、转向角度和偏线率等参数．动力来自两台电动机，其电力由一个锂离子蓄电池组输送，采用一种无接触式充电技术，可以在无线充电站中完成充电。

首发：2009 年 10 月东京车展

日产 NV200

NV200 是日产技术与设计的结晶，拥有世界先进轿车承载式车身及安全技术，采用独立支柱式前悬架、副车架及日产 ZONE BODY 高强度区域车身结构，具有日产高品质轿车一贯舒适。NV200 拥有城市商用货车式的车厢，比微客低 6%~10%，方便乘客上下及便于货物装卸。510mm 的低地板设计以及 1220mm 的超宽轮距，可带来 3100L 的超大整装内部空间和装载灵活性。

首发：2010 年 7 月日本

日产 奇骏（X–Trail）

2010 年 7 月，新改款的奇骏 SUV 在日本率先上市，其最大的变化是对于 2.0L 柴油车型增加了 6 速自动变速器。整体外观上改变不大，前保险杠和格栅做了精细处理，前照灯重新设计，增加了泪滴的效果，采用氙气，技术含量更高。延续老款的风格，车顶行李架上内藏有驾驶灯，因而照射范围比通常远光灯提高 1.3 倍，可以在昏暗的开阔地提前把握周围的情况。

首发：2009年9月法兰克福车展

欧宝 雅特（Astra）

全新的欧宝雅特整体造型更加圆滑、饱满，保持了标准的两厢掀背风格。车头和车尾圆滑的曲线勾勒出十分成熟、颇具时尚感的造型，前后灯组极具动感也十分精致。新一代的雅特共搭载四款汽油发动机，分别为1.4L和1.6L两款自然吸气和1.4T和1.6T两款涡轮增压机型。1.4L最大输出74kW/130N·m；1.6L输出85kW/155N·m；两款增压发动机型功率和转矩分别为103kW、132kW和200N·m、230N·m。

首发：2009年9月法兰克福车展

欧宝 Insignia OPC

作为Insignia的高性能版，Insignia OPC新的运动外观设计包括前保险杠上竖立形状的进气口、19in或20in OPC专属铝合金轮毂、整合式后扰流尾翼以及镀铬排气尾管。车内采用全黑色调，搭载OPC专属仪表板、多功能跑车转向盘、不锈钢金属踏板、排挡杆头等高级配件。动力源自2.8L涡轮增压V6发动机，可输出最大功率239kW，最大转矩400N·m。

首发：2010年9月巴黎车展

欧宝 雅特 旅行版

欧宝雅特旅行版使用了全新的FlexFold后座系统，这个系统可以通过按下安装在尾门上的按钮就让后座折叠起来。随着后座折叠放倒，欧宝雅特旅行版的行李空间可以达到1550L。为了增强操控，欧宝为它配置了FlexRide主动悬架系统，可以选择标准，旅行和运动三种模式。发动机方面则可以有8种选择，动力从70kW到132kW不等，包括使用在雪佛兰科鲁兹上的涡轮增压1.4L发动机。

首发：2010 年 3 月日内瓦车展

欧宝 Meriva

全新的 Meriva 车型最大的特点是采用了对开门式设计，这样的设计既展现出全新 Meriva 的与众不同，也在最大限度上为车上的成员，上下车时提供了方便。动力方面，1.4L 汽油发动机有三个不同功率输出，其中包括全新的 103kW 涡轮增压发动机，其他两款功率分别为 74kW 和 88kW。柴油动力方面包括排量分别为 1.3L 和 1.7L 共轨燃油直喷发动机，此外还有燃油效率更高的 EcoFlex 动力系列。

首发：2010 年 3 月日内瓦车展

欧宝 Flextreme GT/E 概念车

Flextreme GT/E 概念车采用与雪佛兰 Volt/ 欧宝 Ampera 相同的 Voltec 技术，120kW 电动机驱动前轮，电力则由锂离子蓄电池组提供，充电 3h 即可充满。在纯电动模式下，Flextreme GT/E 一次充电可以行驶 60km，之后内燃机自动起动发电，并为蓄电池充电，油耗仅为 1.6L/100km。

首发：2009 年 9 月法兰克福车展

欧宝 Ampera 概念车

欧宝 Ampera 基于通用汽车开发的具有革命性意义的电力驱动技术，它的运转方式不同于其他任何动力驱动系统。对于 60km 以内的短途行程，Ampera 电动车只需使用车载锂离子蓄电池提供动力，并且可以通过连接标准家用电源插口为蓄电池充电。为满足更长的行驶里程需求，Ampera 还可以依靠车载的小型发动机来发电并驱动车辆达到 480km 的续航能力。

首发：2010年9月巴黎车展

标致 508

2010年7月，标致宣布新一代高端车型——标致508系列诞生，其中涵盖轿车版及旅行车版两大系列。在造型方面，标致508借鉴了SR1概念车的设计元素，追求优雅、平衡的设计语言。508是标致首款豪华型轿车，值得一提的是标致508将在2011年初进入国内市场，并于中期在东风标致生产。先期标致508只会引进三厢版车型，而旅行版将延后引进。

首发：2010年1月北京

标致 408

2010年1月25日，东风标致408在北京全球首发上市。这是标致品牌创立120年以来，首次在海外市场全球首发其最新一代车型。作为标致品牌的全球车型，408在研发设计之初就充分考虑并立足于包括中国在内的全球主要市场的消费者需求，是一款为消费者悉心打造的、具有欧洲技术血统的魅力之车。长度超过4.68m、宽度超过1.81m，尤其是2.71m的超长轴距，足以让它在同级竞争对手中跃然而出。

首发：2010年5月巴黎

标致 308 GTi

308 GTi外观上与普通版308基本一致，仅在几处小细节有所不同，如左右两侧前车门与尾门上GTi的标志、后扰流板和双尾部排气管等。动力采用最大功率为147kW、最大转矩为275N·m的1.6L双涡轮增压直喷发动机，0~100km/h加速时间为7.7s，油耗为6.9L/100km，二氧化碳排放为159g/km。车内配备了真皮包裹的运动式转向盘，铝质踏板和排挡杆等以示其运动的个性。

首发：2009 年 9 月法兰克福车展

标致 RCZ

RCZ 是标致品牌数字命名法之外的第一款车型，是由概念车演变而来的量产车。运动、优美的线条设计，双气泡造型的车顶、后窗以及两侧铝制弓形框架的设计元素，加之其高效的动力技术，都使得 RCZ 被人们爱称为标致“小钢炮”。通过标致设计师和工程师多次尝试、量产后的 RCZ 不仅保留了跑车的驾驶乐趣，更将现代的“低碳生活”理念完美的融入其中，最低二氧化碳排放仅 85g/km。

首发：2009 年 9 月法兰克福车展

标致 BB1

BB1 被称为“一个解决目前和未来城市机动性的全新解决方案”。这款电动车采用类似于摩托车的转向舵设计，十分有特点。BB1 车重包括蓄电池为 600kg，不加蓄电池仅 500kg。两个后轮内均装配了电动机，每个电动机的持续输出功率为 7.5kW，最大功率为 10kW，最大转矩为 320N·m，连续行驶里程可达 120km。

首发：2010 年 3 月日内瓦车展

标致 SR1 概念车

外部造型上，标致 SR1 概念车运用了一种全新的设计语言，既有空气动力学技术色彩，又有造型美感，将标致耐力赛赛车的优良传统与现代科技更加完美的重新演绎出来。内部极富现代感，采用 2+1 布局，可供三人乘坐，这与以往标致推出的所有概念车型都有着很大的不同。动力采用 HYbrid4 技术，最大功率 230kW，而二氧化碳排放量仅为 119g/km，并支持四轮驱动。

Porsche
保时捷

首发：2010年3月日内瓦车展

保时捷 918 Spyder 概念车

918 Spyder 概念车融高端赛车技术与电力驱动技术于一身，创造出了一系列令人惊叹的数据：二氧化碳排放量为 70g/km，耗油量为 3.0L/100km，即使以一款超紧凑型城市用车的标准来衡量，这两项数据也绝对出类拔萃。而另一方面，这款车具备超级跑车的性能水平，从静止加速至 100 km/h 只需不到 3.2s，最高时速超过 320km/h，在纽伯格林北环赛道上的单圈用时不到 7min30s，甚至比保时捷 Carrera GT 还要快。

首发：2009年9月法兰克福车展

保时捷 Boxster Spyder

Boxster Spyder 是一辆更纯粹的保时捷运动车——具备了轻量化、动力强劲、具备开放式顶篷和燃油经济性高的特点。该车搭载一台 3.4L 水平对置六缸发动机，最大功率 235kW（比 Boxster S 多出 7.5kW），峰值转矩 370N · m，与之相配的是 PDK 双离合器变速器。0~100km/h 加速时间为 4.8s，最高时速 267km。得益于其家族车系中最轻的重量，Boxster Spyder 油耗仅 9.3L/100km。

首发：2010 年 8 月莫斯科车展

保时捷 911 GT2 RS

与现款的 911 GT2 相比，保时捷为 911 GT2 RS 减少了 70kg 的车重，同时增加 67kW 功率。虽然动力输出增加，但 911 GT2 RS 的油耗与环保表现却更为出色，油耗仅 12L/100km，同时二氧化碳排放量仅有 248g/km。3.6L 双涡轮增压水平对置发动机，最大功率 462kW。搭配 6 速手自一体变速器，0~100km/h 加速仅 3.5s，最高时速 330km/h。

首发：2009 年 9 月法兰克福车展

保时捷 911 Sport Classic

这是一款特别版的 911。为了开发这台车，保时捷定制部门花了整整三年的时间。保时捷 911 的车迷一定会从外表上立即辩别出很多经典 911 的设计细节，比如鸭尾式的尾翼，让人想起了 1973 年的 Carrera RS 2.7，还有特别设计的 Fuchs 风格的轮毂（60 年代的保时捷 911 风格），更强劲的发动机以及车头车尾的一些改进的细节，包括车顶中央的开槽、车身裙边的改进、新设计的前后灯等。

首发：2010 年 9 月巴黎车展

保时捷 911 Carrera GTS

新款 911 Carrera GTS 定位高于 911 Carrera S，虽然搭载一款与 911 Carrera S 相同的 3.8L 六缸发动机，不过保时捷对这款发动机进行了重新的调校，最大功率比 911 Carrera S 高出 17kW 达到 304kW，最大转矩达到 420N·m。内饰方面，新增了运动设计的转向盘，同时，内饰材质采用了大量的 Alcantara 面料，相对 Carrera S 要高档不少。

首发：2010 年 9 月巴黎车展

保时捷 911 Speedster

911 Speedster 是为了表达对保时捷 356 Speedster 的敬意而推出的，只限量生产 356 辆。新的 911 Speedster 将保时捷 911 跑车的经典特色与最新一代 911 增强的性能结合在了一起：搭载 3.8L 水平对置六缸发动机，输出功率为 304kW，与 Carrera GTS 相同。911 Speedster 标配了 911 系列的所有选装配置，独有魅力还包括采用黑色光面真皮的手工内饰，以及专为 Speedster 设计的众多与车身同色的细节。

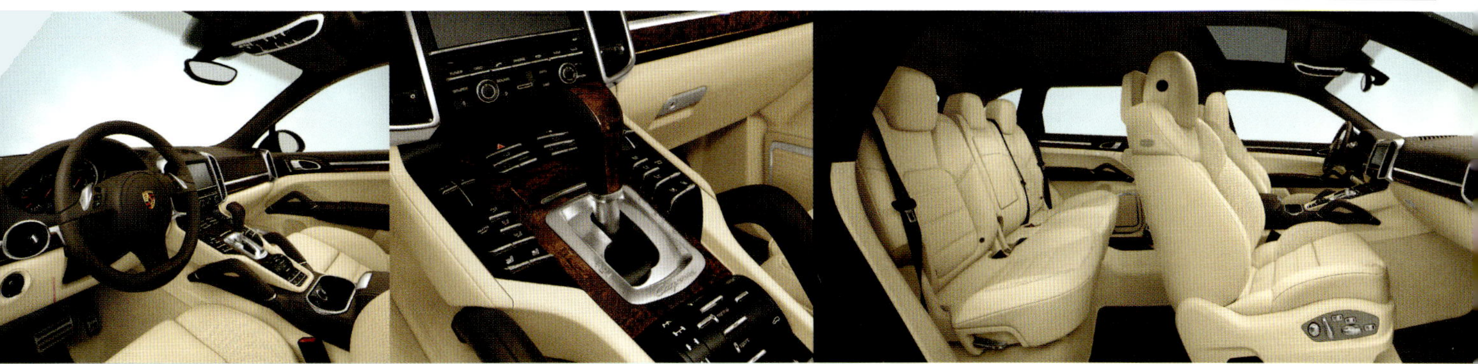

Cayenne 柴油版

Cayenne

首发：2010 年 3 月日内瓦车展

保时捷 Cayenne

保时捷在 2010 年 3 月初的日内瓦车展上隆重推出最新一代 Cayenne 系列运动型多功能车。无论在燃油效率还是车辆性能方面，以 Cayenne S Hybrid 为首的全新一代车型均是各自所属细分市场的佼佼者。与其前代车型相比，新款 Cayenne 的耗油量下降了约 23%，以更少的油耗获得更大的动力，在提高效率的同时降低二氧化碳排放。

这些目标的实现主要得益于出色的配置：搭配宽传动比的全新 8 速 Tiptronic S 自动变速器、带起停功能的发动机、变速器冷却回路上的热量管理系统、车载网络能量回收系统、可变发动机切断装置以及智能轻质结构等。

为了确保了宽敞的车内空间和更大的灵活性，新款车型的轴距加长了 40mm，而车身长度比前代车型共加长了 48mm。尽管外部尺寸更大，新一代 Cayenne 却显得更为紧凑和富有动感。全新高品质内饰中最显著的亮点是更为靠前的中控台，搭配竖直的选挡杆，营造出以驾驶室为主导的典型特征。后排长座椅的前后可移动幅度达 160mm，靠背角度也有三种不同的模式可供调节。

Cayenne S

Cayenne Turbo

首发：2009 年 9 月法兰克福车展

保时捷 911 Turbo

新款 Turbo 采用了全新的 3.8L 发动机，最大功率达到 373kW，这是 Turbo 35 年历史之中换“心”最彻底的一次，特点包括直接燃料喷射以及保时捷独有的可变涡沦几何形状的涡沦增压器，作为选装件，匹配这台新的 6 缸发动机还有全新的 7 速 PDK 双离合器变速器。性能方面十分突出，0~100 加速只需要 3.4s，最高时速 312km/h。

首发：2010 年 3 月日内瓦车展

保时捷 911 Turbo S

这款独一无二的高性能跑车配备六缸水平对置发动机，通过两个带有可变几何涡轮的废气涡轮增压器提升动力，与 911 Turbo 相比，其输出功率增加了 17kW，高达 390kW，最大转矩 700N·m。同时，在这款顶级车型中，所有仅供 911 Turbo 选装的高科技部件均作为标准配置提供。虽然动力显著增强，不过 911 Turbo S 的耗油量也与保时捷 911 Turbo 相当，仅为 11.4L/100km。

首发：2010 年 3 月日内瓦车展

保时捷 911 GT3 R Hybrid

911 GT3 R Hybrid 采用的创新混合动力技术专为赛事运动开发，与传统混合动力系统相比，在配置和部件方面具有更为明显的优势。电动前桥驱动系统配有两个输出功率均为 60kW 的电动机，能够为 911 GT3 R Hybrid 配备的水平对置式后置 4.0L 六缸发动机提供辅助，这款发动机的输出功率为 358kW。另一个显著的特性是，系统通过车内安装在驾驶者旁边的电动飞轮发电机将电能直接输送给电动机，以取代以往普通混合动力车辆中的传统蓄电池。

首发：2009 年 9 月法兰克福车展

保时捷 911 GT3 RS

新 911 GT3 RS 的“心脏”基于 911 GT3，排量从 3.6L 增加至 3.8L，动力提升显著，响应也更迅速。新的发动机产生的功率比 911 GT3 多了 11kW，达到了 336kW，这意味着从这台自然吸气 6 缸发动机释放出来的升功率比为 88kW/L。这样的自然吸气发动机技术对于全球的竞争对手来讲，都是值得称赞的。另外不像一些其他的高性能发动机，911 GT3 RS 上的这台发动机，是完全适合每天上班用的。

首发：2009 年 9 月法兰克福车展

保时捷 911 GT3 Cup

911 GT3 Cup 的尾部加宽了 44mm，以容纳更宽的轮胎，更宽的前轮毂也清晰的展示了前轮的力量。发动机排量比前款型号增加了 0.2L，相应的功率增加了 22kW。这台 3.8L 的 6 缸水平对置发动机最大功率达到了 336kW，采用顺序式 6 速手动变速器，质量仅 1200kg，是 911 GT3 RS 的赛车版。消费者可以用此车直接参加保时捷杯赛事。

首发：2010年3月日内瓦车展

雷诺 梅甘娜（Megane）GT/GT Line

凭借着Renault Sport的技术支持，梅甘娜家族增加了新款运动车型GT和GT Line，旨在为更多的客户带来震撼的运动驾驶体验。除了拥有梅甘娜掀背版、双门轿跑车、旅行车和敞篷车版的性能以外，这两款车还配备了：运动底盘设置、全新风格的前后保险杠、17in Celsium铝合金轮毂（GT Line）或18in Jetow轮毂（GT）、铝制踏板和黑色主题内饰、格栅和行李舱盖/尾门的特别徽标。

首发：2010年3月日内瓦车展

雷诺 梅甘娜 Coupe-Cabriolet

梅甘娜硬顶敞篷版是全新梅甘娜的第六个繁衍版本。最大的特色是车顶采用深色玻璃覆盖，面积达到0.47m²，即便关上车顶，也能享受到阳光带来的温暖。敞篷启闭只需21s便可完成，车门高度增加6cm便于进出车内。为了不让乘客的头发被吹乱，全新梅甘娜敞篷版还配备设计独特的挡风板，搭配可拆卸式隔风网，让后座乘客更能够享受敞篷车的乐趣。

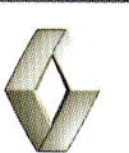

首发：2009 年 9 月法兰克福车展

雷诺 Twizy Z.E. 概念车

Twizy Z.E. 概念车是一款为了应对城市交通挑战而推出的创新小型汽车。该车具有四轮驱动底盘，为驾乘人员提供了一种完全电动化的交通工具，它不会排放二氧化碳；包裹式的车体设计创建了一个安全而可靠的内部空间，为驾乘人员提供最好的保护；灵巧而实用的车型设计，能够满足城市交通的所有需求，在城区及郊区交通中的加速表现堪与 125cc 的摩托车相比。

首发：2009 年 9 月法兰克福车展

雷诺 Zoe Z.E. 概念车

Zoe Z.E. 概念车是一款拥有漂亮外观的电动零排放汽车。该概念车的车顶设计特别，对空调系统的管理进行了优化，除常规功能外还具有加湿、“排毒”及活性香氛控制等功能。同时，用户还可以自己定制车内空间设计。该车可以选用三种蓄电池充电技术，Zoe Z.E. 概念车代表着一种全新的驾乘体验，是一台多用途的日常交通工具。

首发：2009 年 9 月法兰克福车展

雷诺 Kangoo Z.E. 概念车

Kangoo Z.E. 概念车是在雷诺 Kangoo 基础上推出的，将零排放驱动引入轻型商用车。它的电动机功率为 70kW，转矩为 226N·m，采用锂离子蓄电池。由于特别关注其整体设计以及能源优化方案，该车的能源消耗被降至最低水平，同时不会对必要的舒适性产生影响。同时，该车具有多种信息功能，从而使其便于用户使用、高效而且能与用户进行互动。

Renault
雷诺

首发：2009 年 9 月法兰克福车展

雷诺 Fluence Z.E. 概念车

Fluence Z.E. 概念车是一款真正的家用全电动汽车，它的问世是雷诺实现其生产满足各类型消费者需求的零排放车系目标的结果。由于采用的是独有的“Quickdrop”快速蓄电池交换系统，该概念车采用的应急充电方案只需要 3min，其他可采用的充电方式还包括：标准充电（4~8h）或快速充电（20min），该车所配蓄电池的最大行驶里程为 160km。此车型预计 2011 年在以色列和欧洲上市销售。

首发：2010 年 3 月日内瓦车展

雷诺 Wind

2010 年 3 月全球首发的雷诺 Wind 是一款车身紧凑而设计独特的双座敞篷跑车。Wind 车长 3.83m，娇小玲珑的身段在城区和郊外都能穿梭自如；其顶篷设计新颖，开启速度极快，让车主驾驶时尽享酣畅淋漓的乐趣。在同级别车型中，Wind 还拥有最大的行李舱装载空间，达 270L。

首发：2010 年 3 月日内瓦车展

劳斯莱斯 古思特（Ghost）

古思特融入了劳斯莱斯汽车经典设计的元素——抬高的车头、长发动机罩、短前悬、大倾斜角度的 A 柱以及优雅的车尾。车内选用顶级材质、保证无与伦比舒适性的同时，还营造出现代的氛围，包括优雅的磨砂灯、镀铬车门把手、传统的小提琴键、眼球形通风口、白色的磨砂表盘和精致的仪表等细节。厚实的地毯可选配羔羊毛脚垫，进一步传递尊贵豪华感受。

古思特装配劳斯莱斯汽车独有的全新 6.6L 双涡轮增压 V12 发动机。该发动机最大输出功率为 420kW，0~100km/h 加速时间仅为 4.7s，电子最高限速为 250km/h。最大转矩为 780N·m，动力传递快速而平顺。搭配线控换挡的 8 速自动 ZF 变速器，古思特的二氧化碳排放只有 317g/km。耗油量为 13.6L/100km。

技术参数

发动机	V12
排量（L）	6.6
功率（kW）	420
转矩（N·m）	780
变速器	8 速 ZF 自动
0~100km/h 加速（s）	4.7
最高时速（km/h）	250

首发：2009 年 9 月法兰克福车展 萨博 9-5

新一代萨博 9-5 在通用的 Eplison 平台上打造，这个平台亦是我们熟悉的别克新君越采用的平台。新萨博 9-5 外观上依然延续了萨博的家族式设计风格，但更显大气和动感。新萨博 9-5 轴距达到了 2840mm，对这样一款运动车型来说已经非常奢侈。“隐藏式”黑色 A 柱的设计显得很有现代感，C 柱的造型倾斜度很大，与尾箱连成一体。新车将搭载 1.6T 发动机，最大功率 134kW，最大转矩 230N·m；另一款 2.0T 发动机最大功率 164kW，最大转矩 350N·m，这款发动机可以使用 E85 生物燃料；最强劲的 2.8T 车型搭载 V6 增压发动机，最大功率 224kW，峰值转矩 400N·m。

首发：2010年4月纽约车展

赛恩 tC

全新的 tC 拥有更硬朗的线条，设计更具攻击性；车内豪华感得到提升，操控性能也得到了增强。配搭一台 2.5L 直列 4 缸发动机，峰值功率和转矩输出分别为 134 kW 和 235N·m。不仅比前款更强劲，排放和油耗也更低。新 tC 有六前速手动和六前速手自一体变速器供选择。车内配备三辐式平底转向盘，前排为运动型桶椅，后排为 6/4 折叠座椅，标配全景天窗。

首发：2010年2月芝加哥车展

赛恩 tC Release Series 6.0

采用亮蓝色涂装的 tC Release Series 6.0 限量生产 1100 辆，如同之前的所有限量版一样，RS 6.0 拥有其独特的设计和升级，包括象征纯种肌肉车的亚光黑色花纹。动力方面，特别版并没有得到升级，2.4L 四缸发动机，最大功率 120kW。车内，这款限量版的座椅和转向盘上还拥有亮蓝色装饰、特别调校的 200W 音响系统、iPod/USB 接口和一个 4.3in 的 GPS 触摸屏幕。

首发：2009年12月洛杉矶车展

赛恩 xB Release Series 7.0

几乎每年一款限量版的 xB 已经推出到了 7 款。这款车赛恩选择了一套由 4 个部件组成的 DAMD 车身套件，包括前后大包围和两侧的侧裙；车内座椅绣有“RS”标识，RAZO GT 方程式规格换挡杆和全皮革内饰让车内更加运动。这款限量版 xB 的悬架经过 TRD 调校，车身高度有所降低。Release Series 7.0 限量供应 2000 辆，提供手动挡和自动挡供选择。

SEAT
西雅特

首发：2010 年 3 月日内瓦车展

西雅特 IBE 概念车

IBE 概念车是西雅特欲进攻零排放汽车领域的一款展示车。这款双门轿跑车由纯电力驱动，达到了零排放。概念车为后轮驱动设计，动力由锂离子蓄电池提供，最大功率为 75kW，最大转矩为 200N·m，整车质量只有 1000kg，0~100km/h 加速时间为 9.4s。外形设计紧凑，全车长仅 3.78m，设计非常前卫，包括条状的 LED 前照灯、涡轮形状的车轮毂等。

首发：2009 年 9 月法兰克福车展

西雅特 IBZ 概念车

IBZ 概念车是基于 Ibiza 掀背车的多用途车。该车主要面向年轻夫妇和有小孩且喜欢外出的家庭，车内空间和装载能力均大于 Ibiza。这台概念车的量产版 Ibiza ST 也在半年后露面。概念车配备有 LED 前照灯与尾灯、与外后视镜形成一体的 LED 转向灯、全新格栅和发动机罩、19in 合金轮毂和扰流尾翼等，形成了更具运动风格的外观。

首发：2010 年 3 月日内瓦车展

西雅特 Ibiza ST

以 IBZ 概念车为原型的 Ibiza ST 即是 Ibiza 的旅行车版。Ibiza ST 比普通 Ibiza 五门掀背版车身长 180mm，其车身长度达到 4230mm。Ibiza ST 的行李舱容积达到 430L，其后排座椅折叠以后行李舱容积还能进一步提升。这款车后舱门设计得尽可能宽而且低，更加方便出入。Ibiza ST 提供 5 款动力配备，3 款汽油发动机和两款柴油发动机，最大输出功率从 62~76kW。

首发：2009 年 9 月法兰克福车展

西雅特 Leon Cupra R

西雅特 Leon Cupra R 搭载了 2.0L 的涡轮增压发动机，最大功率达到了 195kW，最大转矩 350N·m。这台西雅特最新小钢炮，0~100km/h 加速时间仅为 6.2s，油耗 8.2L/100km。车身内部采用的是比较抢眼的桶形座椅，灰色织物以及 alcantara 皮革装饰。仪表盘采用了 LED 灯，转向盘真皮包裹，而踏板则采用镀铝装饰。

首发：2010 年 6 月瑞士

西雅特 Leon Cupra R310 World Champion

为了庆祝 2009 赛季在 WTCC 赛事中取得了车手前两名的成绩，西雅特而向瑞士市场推出了名为“世界冠军版”的限量车型。新车的外观采用全黑的涂装，内部采用了 Alcantara 运动座椅、GPS 导航等。2.0TSI 发动机经过 ABT 的调教，功率达到 228kW，比 Leon Cupra R 多出 33kW。同时进行升级的还包括了新车的悬架和制动系统。Leon Cupra R310 World Champion 限量仅 200 辆。

首发：2010 年 9 月巴黎车展

西雅特 Alhambra

作为大众夏朗 MPV 的姊妹车，全新设计的西雅特 Alhambra 分为 5 座、6 座与 7 座三种，车身长度为 4850mm，比旧款车型长了 220mm，这对于第三排乘客来说会有更大的乘座空间。在第二排座位都有人乘座的情况下 Alhambra 仍拥有 885L 的储物空间，将二、三排座椅折叠该车拥有 2297L 的超大储物空间。Alhambra 的第二排车门依然采用滑门式设计，并且可以选配电动滑门。

Skoda
斯柯达

首发：2010 年 3 月日内瓦车展

斯柯达 Fabia/Fabia Combi

全新小改款的斯柯达晶锐（Fabia）及其旅行版采用了新的前格栅设计，前照灯也变得更宽更加的时尚；其他外表改进还包括新的前雾灯、保险杠及铝合金轮毂。发动机方面，共有多达 7 款可以选择，这些发动机包括一款动力输出为 44kW 的 1.2L HTP 发动机、一款动力输出为 63kW 的 1.4L 16V 发动机、一款配备了一个柴油机微粒过滤器（DPF）可输出 55kW 功率的 1.2L TDI 发动机，以及一款也配备了 DPF 的、可输出 77kW 动力的 1.6L TDI 发动机。晶锐旅行版拥有与掀背版相同的前脸，伸长的行李舱标准空间为 505L，将座椅放倒后最大可以达到 1485L，这是同级中最好的水平。

技术参数

发动机	直列 4 缸			
排量（L）	1.2 TSI	1.2 TSI	1.6 TDI	1.6 TDI
功率（kW）	63	77	66	77
转矩（N·m）	160	175	230	250
变速器	5 速手动			
0~100km/h 加速（s）	11.7	10.1	12.7	11
最高时速（km/h）	170	191	177	190

首发：2010 年 3 月日内瓦车展

斯柯达 Fabia RS

斯柯达晶锐（Fabia）RS 基于最新改款晶锐的外观和内饰进化而来。在外形方面，晶锐 RS 采用了运动式包围造型，前脸雾灯和保险杠都经过重新设计，独特的红绿配色 RS Logo 非常显眼，“RS”标志分布于进气格栅、踏板、尾部等多个部位。

动力方面，晶锐 RS 搭载了大众最新的 1.4L TSI 双增压涡轮发动机，最大输出功率为 132kW，最大转矩有 250N·m，百加速仅需 7.3s，最高时速在 224~226km/h 之间，油耗仅 6.4L/100km。

首发：2010 年 3 月日内瓦车展

斯柯达 Roomster

与斯柯达晶锐一同改款的 Roomster 采用了与其同胞相同的外表改进，包括新的格栅设计，前照灯变量更大、更加的立体，前保险杠和集成的雾灯都有较大的变化。

动力较大的变化是更多的发动机可供选择，并且节能减排达到了新的水平。新 Roomster 的部分车型可选配 7 速 DSG 双离合器变速器，除此以外还可选择 5 速手动变速器。空间是 Roomster 不可缺少的部分，其储物空间可在 480~1810L 之间搭配。

技术参数

发动机	直列 4 缸	
排量（L）	1.2 TSI	
功率（kW）	63	77
转矩（N·m）	160	175
变速器	5 速手动	
0~100km/h 加速（s）	12.6	10.9
最高时速（km/h）	172	184

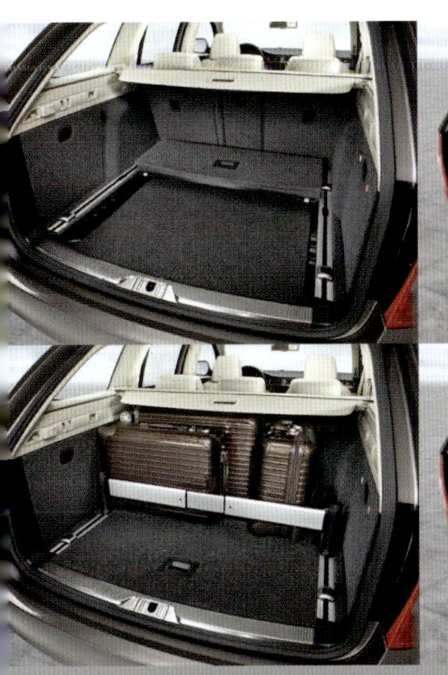

首发：2009 年 9 月法兰克福车展

斯柯达 Superb Combi

斯柯达在 2009 年的法兰克福车展上发布了全新的 Superb 旅行版，这台公司的旗舰自推出轿车版以来，反应非常不错，上市两年以来已经有超过 42000 位用户选择了该车型。

新的旅行版同样继承了斯柯达稳重的外表以及宽敞空间的传统，是一台非常适合日常使用的汽车，它舒适、耐用，能适合所有不同的需求。

首发：2010 年 9 月巴黎车展

smart fortwo

2010 年，奔驰旗下的 SMART 进行了一次小改款，这次改动并不大，只是一些细节上变更得加的精致了。新款 smart fortwo 外观延续了可爱灵巧的设计风格，并增加了三款全新设计的 15in 合金轮毂可供选择。而外观的变化只限于新款 smart 敞篷版车型上，雾灯位置采用了“L”形状的 LED 灯设计。

车内的改动更加丰富，新 fortwo 采用了全新设计的仪表盘、LED 车内照明、中央扶手、多功能真皮转向盘和 16.5cm 液晶显示屏。另外，新车还有更丰富的内饰颜色可供消费者选择。安全配置方面，新 fortwo 增加了侧气囊与膝部气囊，让这辆小车安全性再次提升。

首发：2010 年 9 月巴黎车展

smart fortwo edition lightshine

一同与改款车型出现的，还有一款特别版的 fortwo，这款特别版拥有与车身同色的前照灯底座，并且内饰采用与普通版不同的色彩组合。另外，音响和导航系统也是标准配置，增加了日间 LED 行车灯。

动力有三款发动机可供选择，包括 40kW 的柴油发动机、62kW 的汽油发动机，还有一款 52kW 的微混合动力汽油发动机可选。外观上，所有的车型 A 柱下面还有“edition”字样，以突显其特别版的身份。

首发：2010 年 9 月巴黎车展

smart fortwo BRABUS cabrio

BRABUS 版本的新车型也肯定不会少，16in 的前轮和 17in 的后轮让新 fortwo 看起来更加的具有跑感。车内采用运动型的真皮转向盘，并增加了巡航控制的按键，小车也有大功能。

动力方面，fortwo BRABUS 的 1.0L 发动机，最大功率达到 75kW，峰值转矩 147N·m，0~100km/h 加速仅需要 8.9s，最高时速 155km/h。油耗相当的低，仅 5.2L /100km。

技术参数

发动机	直列 3 缸
排量（L）	1.0
功率（kW）	75
转矩（N·m）	147
变速器	5 速手动
0~100km/h 加速（s）	8.9
最高时速（km/h）	155

首发：2010 年 1 月日本

斯巴鲁 Impreza WRX STI R205

基于翼豹 WRX STI 的更运动版本 R205 采用了众多的性能升级组件，并且在外观上面有所增强，包括采用了新款的前后扰流器，更具攻击性的前栅格，空气动力学的侧裙边以及 18in 的铸铝轮毂并且搭配普利司通的 POTENZA RE070 轮胎。R205 采用 2.0L 直列 4 缸发动机，最大功率 234kW，最大转矩 426N·m。新车仅限量 400 辆。

首发：2010 年 1 月日本

斯巴鲁 Impreza WRX STI A-Line typs S

新的 A Line 动力方面并未有增强，还是采用 2.0L 涡轮增压发动机。外观方面采用了全新的套件，起来更加的有攻击性，包括采用 18in 铜灰色合金轮毂、金色的 Brembo 制动卡钳等。车内有红线缝制的 Recaro 运动座椅和一套由 10 个扬音器组成的音响系统。

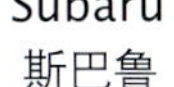

首发：2010 年 3 月日内瓦车展

斯巴鲁 Impreza XV

Impreza XV 延续了以往 Impreza 翼豹5门掀背车型流畅简洁的车身线条，新采用了设计独特的倒梯形前格栅和宽大的运动型深色轮孤并加装车顶行李架和车顶扰流器，整体外观风格强悍、动感，与 SUV 车型类似。同时，通过改进悬架而增大离地间隙，有效地提高了通过性，拥有了更加广泛的道路适应能力。在动力方面，Impreza XV 车型配备了带主动气门控制系统的 2.0 L 双顶置凸轮轴水平对置发动机。

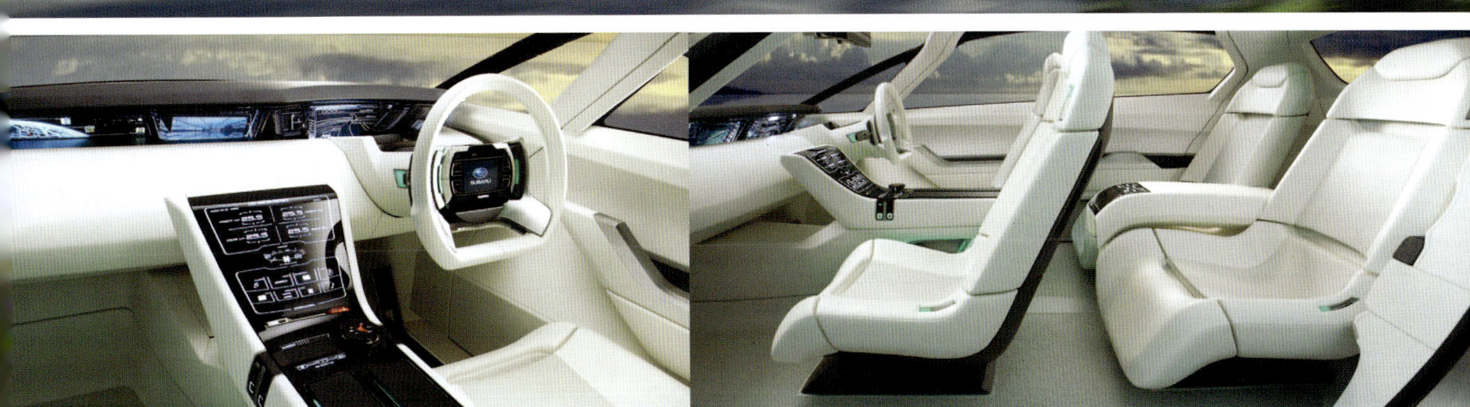

首发：2009 年 10 月东京车展

斯巴鲁 Hybrid Tourer

斯巴鲁混合动力旅行版概念车(Hybrid Tourer CONCEPT) 搭载了左右对称全时四轮驱动系统(Symmetrical AWD) 和水平对置发动机。其混合动力系统由一个 2.0L 水平对置涡轮增压汽油发动机和两个电动机组成，在环保性、操控性及安全性等方面进行了全面提升，先进的设计显示出斯巴鲁未来旅行轿车的发展方向。

首发：2010 年 9 月巴黎车展

铃木 雨燕（Swift）

在国内极受欢迎的雨燕迎来了其小改款的车型，该车于 2010 年底上市销售。新雨燕最大的修改在于整车长度增加了 90mm，轴距增加了 50mm。同时，全新 1.2L 双 VVT 汽油发动机将取代原来的 1.3L 发动机。这台新的发动机最大功率为 69kW，最大转矩为 118N · m，分别比之前的 1.3L 发动机提升了 6kW 和 8N · m。外表设计也有些改变，比如前照灯、前格栅、雾灯等，看起来更具有运动性。

首发：2009 年 9 月法兰克福车展

铃木 雨燕 Limited 25

25 年前，铃木发布了第一代雨燕小车，而今天，这款极受欢迎的城市精灵已经迈入了第三代。为了庆祝这款小车走过的 25 个年头，铃木推出了一款限量版的雨燕 Limited 25。这款纪念版基于 5 门款 1.3L 汽油发动机车型，搭配的是 5 速手动变速器。与普通款不同的特征包括采用了 Alcantara 座椅、铝合金轮毂、镀铬的前格栅以及集成了转向灯的电动折叠后视镜。

首发：2010 年 1 月新德里车展

铃木 R3 概念车

2010 年的新德里车展上，铃木发布了一款 R3 概念车。这款车是针对印度市场推出的一款 6 座 MPV 车型，在 SX4 基础上打造而成，有可能在 2 年内投产并进入市场。动力方面，R3 MPV 预计将搭载一款 1.2L 的 K 系列汽油发动机以及一款 1.4L 发动机，此外还有一款来自菲亚特的 1.3L 柴油发动机供选择。概念车采用了对开式的车门，比滑动车门更实用。

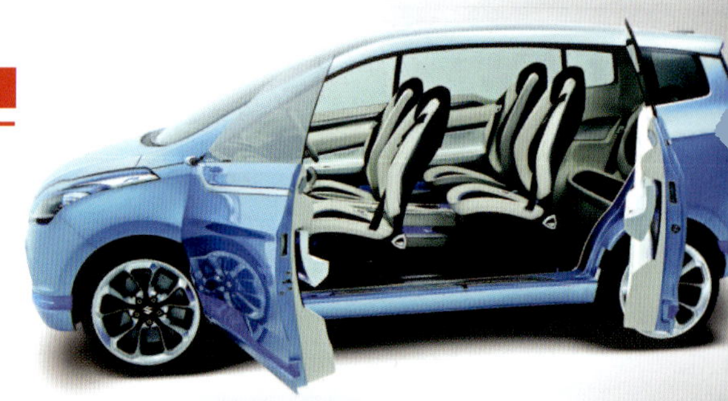

首发：2009 年 7 月加州

铃木 凯泽西（Kizashi）

凯泽西是铃木最新推出的一款旗舰车型，全车充满活力且动感十足，做为铃木的第一款 B 级运动型轿车，凯泽西的车身内部构造精益求精，并且其内部配置也更加关注驾乘者的舒适性和操控性。凯泽西的整体尺寸比较紧凑：长 4648mm、宽 1829mm，轴距为 2718mm，而同级别车型的轴距大多在 2750 ~ 2800mm 之间。虽然凯泽西的空间可能不够宽敞，但较短的轴距却使其具有更高的转向灵活性，符合其运动轿车的定位。

首发：2010 年 4 月纽约车展

铃木 凯泽西 运动版

铃木北美公司在 2010 年纽约车展上推出了旗下最新 B 级轿车凯泽西的运动版，主要是增加了一批运动型的套件，以呈现更具运动的姿态。包括采用更具肌肉感的前脸、采用了镀铬修饰的雾灯、更低的进气口、侧面裙边、侧面门边镀铬修饰、后扰流尾器等。除此之外，18in 的合金轮毂和更低的车身（降低了 10mm）让这款运动车型更具跑感。

Toyota
丰田

首发：2010 年 3 月日内瓦车展

丰田 Auris HSD

丰田 Auris HSD 的混合动力系统采用最高输出功率为 71kW 的 1.8L 发动机，搭配使用电控 CVT、永磁同步电动机和镍氢蓄电池。速度不超过 50km/h 时，最大电动行驶距离为 2km。从静止加速至 100km/h 约需 10s，二氧化碳排放量低于 100g/km。Auris HSD 的玻璃车顶配备有太阳能蓄电池面板，可为车内换气提供电力。另外，仪表板上也嵌入了太阳能蓄电池板，而且设置了可为手机及便携式音频播放器充电的装置。

首发：2010 年 3 月日内瓦车展

丰田 Auris

2010 年全新改款的丰田 Auris 重新设计了前后保险杠和进气隔栅，另外前照灯和尾灯的造型也有所改变。在内饰方面，提高了内饰材料的档次，并增加了多种颜色内饰搭配可以选择，另外在部分车型上新增了一些标准配置。动力方面，1.8L 发动机经过重新调校，功率和燃油经济性能有较大的提升。在欧洲市场，Auris 还有 1.5L 发动机可选。

首发：2009 年 9 月法兰克福车展

丰田 插电型普锐斯

这是以普锐斯为原型的插电型混合动力汽车。该车不受蓄电池剩余量和充电设施完善情况的限制，由于可以使用外接电源充电，因此比混合动力车更实用，同时也能降油耗降到更低。插电型普锐斯的油耗仅为 2L/100km，二氧化碳排放量在 42g/km 以下。在充满电的情况下作为纯电动车的行驶距离为 20km 以上。充电时间方面，用 100V 电源约需 180min，200V 电源约需 100min。

首发：2010年3月日内瓦车展

丰田 RAV4

2010年，丰田对旗下极受欢迎的城市休旅车RAV4进行了改款。新车前脸经过重新设计，使用了细长的前照灯设计，看起来更加锐气，更宽的网状铬合金进气格栅增添几分丰田车系的家族特征。前保险杠也变得更富有肌肉感，并采用了更大的进气口设计。动力方面，有三款动力配备可供选择。2.2L柴油发动机，最大功率110kW和130kW；2.0L汽油发动机，最大功率116kW。

技术参数

发动机	直列4缸
排量（L）	2.2
功率（kW）	130
转矩（N·m）	400
变速器	6速手动
0~100km/h加速（s）	9.3
最高时速（km/h）	200

首发：2009年9月法兰克福车展

丰田 Land Cruiser

新一代Land Cruiser（国内名为普拉多）在外观上较上一代车型有了显著变化，整体风格更趋大气时尚。前保险杠、前照灯、前雾灯经过了全新的设计，更显尊崇。前格栅的设计更加突出厚重感，车身线条和整体轮廓更具现代美感。2.7L直列4缸发动机，应用了顶置双凸轮轴VVT-i技术，最大功120kW，峰值转矩246N·m，与其相匹配的是经典的4挡自动变速器和5挡手动变速器。

丰田 FT-EV II 概念车

首发：2009年10月东京车展

比丰田 iQ 更小巧的专用车身，打造出了 4 人乘坐的高效座舱。采用线控技术，加速、制动、转向等全部功能通过控制杆来操作。由于采用了降低发动机罩高度的车头设计，并在前风窗玻璃下面设置了特别玻璃区域，因此拥有极佳的前方视野。两侧的滑动拉门提高了在狭小停车位上下车的方便性。FT-EV II 概念车最高时速为 100km/h，最多可行驶 90km。

丰田 FT-CH 概念车

首发：2010年1月北美车展

FT-CH 是一款追求环保和驾驶趣的紧凑型混合动力概念车。CH 中“C”的意思是紧凑的（compact），此款车的车身全长为 3895mm，全宽为 1695mm，同第三代普锐斯相比，车身全长短 565mm，全宽窄 50mm。该车在外表上采用了空气动力学设计的三角型轮廓，能有效的降低风阻。在内饰方面，独立的 4 个座椅和良好可视性的仪表等设计代表了丰田对人体工程学的重视。

丰田 FT-86 概念车

首发：2009年10月东京车展

作为倡导纯粹的驾驶乐趣的紧凑型前置后驱运动跑车，使我们想起了在漫画中英勇无敌的 AE86。这台车拥有紧凑的尺寸、超轻的车身以及低重心等特点，能满足驾驶员对车辆操控的极高要求。采用 2.0L 水平对置 4 缸自然吸气发动机，再加上出色的空气动力学外表设计，FT-86 能在任何时候释放出激动人心的性能。丰田有计划将这款车投入到量产。

首发：2010 年 2 月芝加哥车展

丰田 Avalon

全新的 2011 款 Avalon 外观和内饰都发生了很大的变化，整车设计风格更加像是一款雷克萨斯的作品。动力方面新车将会搭载最大功率为 197kW，最大转矩为 227N·m 的 3.5L V6 汽油发动机。车型配置有基础车型与限量型供选择。其中限量型则标配更大的 17in 轮毂、12 扬声器的 JBL 音频系统、有孔皮革座椅、带腰部支撑的驾驶席与副驾驶席 8 方位调整座椅等更豪华的装备。

首发：2009 年 12 月洛杉矶车展

丰田 Sienna

拥有豪气外观设计和豪华内饰的 2011 款丰田 Sienna 配有可乘载多达 8 人的座椅，宽敞的内部空间可以让每位乘客都舒适地就座，是丰田标志性的豪华移动舱。发动机方面，入门级的 2.7L 四缸发动机可输出 138kW 的功率；而 3.5L 的 V6 发动机可输出 196kW 的功率。与一款 6 速自动变速器搭配，这款 V6 发动机的油耗为 11.2L/100km，而更经济的 4 缸发动机，油耗仅为 9.7L/100km。

首发：2010 年 3 月日内瓦车展

大众 途锐（Touareg）

大众全新的豪华 SUV 途锐搭载了多款具备高燃油效率的动力系统，包括一款混合动力车型，最高可降低 20% 的油耗。凭借低至 8.2L/100km 的油耗，新款途锐为配备汽油发动机的全功能越野 SUV 车型树立了新标杆。混合动力版新款途锐可以 50km/h 的时速进行纯电动模式行驶，此时的排放为零，成为真正的环保汽车。而柴油车型途锐 V6 TDI 以平均油耗 7.4L/100km 的成绩创下了 SUV 车型最低油耗的新纪录。

首发：2010 年 4 月北京车展

大众 辉腾（Phaeton）

2010 年北京车展上首发的新辉腾车身线条完全继承了大众总设计师、意大利人瓦尔特·德·西尔瓦设计的 DNA。在外观上，新辉腾更加宽大、有力，突出了一种永恒的高雅感觉，尾部和侧面也加以了改进。与此同时，新辉腾配置了一系列新技术系统，包括动态车灯辅助系统以及在线使用谷歌地图数据的导航系统。新辉腾车型提供两种轴距、两种后排座椅（三座或两个独立座椅）和四款发动机（一款涡轮增压柴油发动机和三款汽油发动机）等不同版本。6 缸、8 缸和 12 缸发动机的动力输出范围从 176~331kW 不等。

首发：2010 年 3 月日内瓦车展

大众 夏朗（Sharan）

全新夏朗的后车门采用了滑动门的设计，使得后排旅客可以更方便的进入。运用 EasyFold 座椅系统，后两排的座椅可以很轻松地收纳起来。另外，夏朗还采用了全景式的电动天窗、三分区的空调。并且停车 / 起步系统和能量回收系统都作为标准配置出现。动力方面，夏朗有 4 种动力供选择，包括了两款最大功率 110kW 和 147kW 的 TSI 汽油发动机和两款最大功率 103kW 和 125kW 的 TDI 柴油发动机。

首发：2010 年 4 月莱比锡车展

大众 途安（Touran）

全新大众途安外观沿袭了新高尔夫的造型特征，车尾采用了 LED 组合尾灯。在内饰设计上选用更考究的材质，装备全新多功能三辐转向盘。在动力方面新途安也将采用大众新的发动机，1.2TSI 发动机首次搭载于途安车型上，输出 76kW，其他发动机还包括 125kW 的 1.4TSI 发动机等；柴油方面，1.6TDI 输出 65kW 和 76kW，而 2.0TDI 则拥有 101kW 和 125kW 两个版本。

首发：2009 年 9 月法兰克福车展

大众 Polo 三门版

三门版车型外观上面和 5 门版十分相似，只是前车门更宽更大，取消了后座车门，随之 B 柱的位置后移，更大的前车窗配合新一代 Polo 的外形显得更加运动。内饰方面新车和 5 门版车型完全一致，高配车型依然是配备了自动空调、多功能转向盘、娱乐系统、高级织布绒面运动座椅等。

首发：2010 年 3 月日内瓦车展

大众 CrossPolo

新款 CrossPolo 让人第一眼就觉得它是一款能适应各种路况的跨界车型。凭借令人耳目一新的可爱设计、独特的配色、丰富的配置，以及增加的底盘高度(15mm)，这款 5 门车成为同级别车型中最颠覆传统的车型，具有极大的吸引力。CrossPolo 搭载了燃油效率极高的发动机，功率范围从 51~77kW 不等，其中有 3 款车型搭载 7 速 DSG 双离合自动变速器。

首发：2010 年 3 月日内瓦车展

大众 Polo GTI

新款 Polo GTI 装备了结合涡轮增压和机械增压技术的 1.4L TSI 双增压直喷发动机，其最大输出功率高达 132kW，使 Polo GTI 能够在 6.9s 内从静止加速到 100km/h，最高车速达 229km/h。1.4L TSI 发动机配以 7 速 DSG 双离合自动变速器，燃油消耗仅为 5.9L/100km。相比之下，装配功率为 132kW 的 1.8T 发动机的前一代车型，耗油为 7.9L/100km，新款 Polo GTI 的燃油效率提高了 25%。

技术参数

发动机	直列 4 缸
排量(L)	1.4
功率(kW)	132
转矩(N·m)	250
变速器	7 速 DSG
0~100km/h 加速(s)	6.9
最高时速(km/h)	229

首发：2010 年 3 月日内瓦车展

大众 CrossGolf

多款 TSI 发动机和 TDI 发动机将成为新款 CrossGlof 车型的动力配置，它们都能满足欧 5 排放标准。另外，新款 CrossGolf 与其兄弟车型一样，共享以技术创新的模块化概念进行开发的许多部件。例如，新款 CrossGolf 和前一代 CrossGolf 都是在 Golf Plus 的基础上，以“Cross 跨界”为理念进行开发，使其成为一款全功能跨界车型，结合了 MPV 的功能性和 SUV 的运动性。

首发：2009 年 9 月法兰克福车展

大众 高尔夫(Golf)旅行版

全新第六代高尔夫旅行版也随着高尔夫的换代而走向市场。前脸保持与其他高尔夫车型完全一样的风格，只是车尾延伸出来的行李舱能提供更多的储物空间。基本配置包括：ESP、六安全气囊、日间行车灯、车顶行李架、电动门窗、电动和加热的左右后视镜、可折叠的后排座椅、遥控中控锁以及空调控制系统。动力方面有 6 款发动机可供选择，全都符合欧 5 排放标准。

技术参数

发动机	直列 4 缸
排量(L)	1.6
功率(kW)	77
转矩(N·m)	250
变速器	5 速手动
0~100km/h 加速(s)	10.9
最高时速(km/h)	190

首发：2010 年 7 月三藩市

大众 捷达(Jetta)

全新的大众捷达首先占领的是美国市场。新捷达的外观设计来源于 2010 年北美车展上展示的 NCC 概念车。有着大众新的家族式特征，但又更加的运动。新捷达长 4640mm，宽 1780mm，高 1450mm，相比前款长度增加 90mm。轴距更大因此乘坐更加舒适，相比前款后座腿部空间增加 67mm 达到 967mm。在北美和欧洲市场，捷达采用了完全不同的发动机阵容，后者采用了排量更小的发动机。

首发：2010 年 1 月北美车展

大众 New Compact Coupe 概念车

NCC 的定位介于尚酷（Scirocco）和帕萨特 CC 之间，可以看出其走运动路线的初衷。NCC 采用混合动力系统，110kW 强劲的 1.4L TSI 发动机加上电动机的 20kW 辅助，搭配 7 速双离合自动变速器（DSG），最高时速 227km/h。综合油耗同样表现优异，仅 4.2L/100km，二氧化碳排放 98g/km。

首发：2010 年 5 月国家电力移动平台启动仪式

大众 Berlin Taxi 概念车

继之前发布的米兰出租概念车之后，大众又推出了它的姊妹车型——柏林版。柏林版出租概念车最大区别仅仅在于车身颜色的不同，柏林版车身尺寸同样为 3730mm × 1660mm × 1600mm。全车侧面仅设计了两个车门，而且开启方式完全不同，左前门的驾驶员处为普通的外开铰链式，而右侧的车门则为旋转式侧开门方式。

首发：2010 年 4 月汉诺威贸易展

大众 Milano Taxi 概念车

大众在 2010 年德国汉诺威贸易展发布了一台名为 Milano Taxi 的概念车。与一般的出租车不同，这辆概念车更轻且采用电力驱动。车身的绿黑涂装参考过去意大利米兰出租车所使用的相同涂装，故以 Milano Taxi 命名。米兰出租车概念版只有后排座椅可以乘坐旅客，而后车门也仅有临街的右侧车门可以开启，充分保证了乘客下车的空间。

首发：2009 年 9 月法兰克福车展

大众 E-Up! 概念车

大众 E-Up 概念车采用一个可以最大输出 40kW 的电动机，仅 5h 就能在家里的 220V 民用电源充满电，一次充电可以连续行驶超过 200km。虽然搭载近 300kg 的锂离子蓄电池，但 E-Up！依旧身轻如燕，3.5s 便可加速至 50km/h，11s 加速至 100km/h，最高时速也达到 135km/h，对于繁忙的城市交通使用显得游刃有余。

首发：2009 年 12 月洛杉矶车展

大众 Up! Lite 概念车

Up! Lite 概念车采用 TDI 涡轮增压直喷柴油发动机和电动机做为动力源，配备 7 速 DSG 双离合自动变速器，实现了高效驱动，车身外形设计高度符合空气动力学特性，风阻系数仅为 0.237。多项创新设计的综合运用，使这款三门概念车成为最省油的 4 座轿车，其二氧化碳排量更是低至惊人的 65g/km，成为全球最环保的 4 座车。

首发：2009 年 9 月法兰克福车展

大众 L1 概念车

全新的 L1 概念车只消耗 1.38L/100km 的柴油。它的车身采用碳纤维和塑料材质，总质量只有 380kg。二氧化碳排放量低得惊人，只有 36g/km，这就是 0.8L TDI 柴油发动机和 10kW 电动机混合起来的效果。L1 概念车纵置的座位可以通过打开铰接的车顶而方便进入，这样的布局也为它带来了超低的风阻系数——0.195。

Volvo
沃尔沃

首发：2009 年 9 月法兰克福车展

沃尔沃 C70

在法兰克福车展上露面的新的改款 C70 拥有同样聪明的三片式硬顶，实用的座椅可容纳 4 个成年人。世界级的敞篷车安全标准，再加上改良的设计，让新 C70 看起来更高档，所有的这些特点让 C70 变得更加有魅力。车身的细节，比如前翼子板是重新设计的，前鼻的 V 形特征更加强烈，增强了这台车前脸的三维感觉。车尾的设计新 C70 下了很多功夫，高技术的 LED 尾灯与 XC60 上面的一样，是车尾改进最亮点的地方，整个后灯完全集成在行李舱里面。新的设计使其看起来更具运动性，更加优雅。

首发：2009 年 9 月法兰克福车展

沃尔沃 C30

改款的 C30 改动范围很大，整个车头几乎全是重新设计，包括车身面板，像前翼子板等。新的改进赋予新车更激进的前端，有意从设计方面与 S40 及 V50 区分开来，以突出更与众不同的个性。进气口的尺寸加大，类似于 XC60 的进气口。格栅的几何形状则是 C30 所独有的。虽然最大的改进在车头，但车尾的细节改进也不可忽视，新车的车尾轮廓更深。现在整车的底部包边采用了黑色塑料而非原来的车身同色，赋予更接近地面的视觉效果。

首发：2010 年 3 月日内瓦车展

沃尔沃 S60

全新的沃尔沃 S60 的设计完全颠覆了以往所有的车型，新车更加的动感，好似一台轿跑车一样。新 S60 可选两种底盘：动态底盘和舒适底盘。两种底盘的差别主要在于减振器和前后副车架；相对于动态底盘，舒适底盘采用更软的设置。动力方面，全新的 2.0 GTDi 发动机，输出功率高达 151kW，最大转矩达到 300N·m。而 T6 车型则采用 3.0L 发动机，最大功率有 224kW，转矩超过 440N·m。

技术参数

发动机	直列 4 缸
排量（L）	2.0
功率（kW）	151
转矩（N·m）	300
变速器	6 速手动
0~100km/h 加速（s）	7.7
最高时速（km/h）	235

首发：2010 年 9 月巴黎车展

沃尔沃 V60

沃尔沃 V60 其实就是 S60 的旅行版，车头几乎没有太大的变化，但从 A 柱之后，几乎没有半点相同。流畅的线条从 A 柱一直延伸到车尾形成沃尔沃独有风格的旅行版车身轮廓。在空间方面，以旅行车定位的 V60 在内部空间上还是非常灵活的，虽然其尾部流线型的设计会损失一些空间面积，但如果后排座椅全部放倒，完全可以满足一般家庭的出行所需。

上市：2010年1月23日

上海通用别克 英朗XT

上市：2010年6月23日

英朗GT

别克英朗XT/GT从Riviera“别克未来”双门概念轿跑车的设计理念中汲取灵感，每一根动感流畅的线条都凸显与生俱来的轿跑基因。英朗XT/GT采用座舱前移的运动造型与下沉式尾部车顶设计，弧线型车顶线条从车头一直连贯至车尾，塑造出极富雕塑感的车身轮廓。而蓄势饱满的车尾设计也是英朗的一个设计亮点，充满艺术感的线条雕刻出立体感十足的尾部造型，分割式设计的尾灯从两侧穿插其中，将车体的宽阔姿态淋漓展现，令轿跑风范跃然而出，带来与同级车型截然不同的视觉兴奋感。

英朗XT/GT装备了在别克新君威上的1.6T涡轮增压发动机，最大功率135kW，峰值转矩235N·m。

上市：2010 年 1 月 11 日

上海通用雪佛兰 赛欧

上市：2010 年 6 月 1 日

赛欧 两厢版

雪佛兰新赛欧的外形传承了雪佛兰家族运动风格的造型设计，“内外兼修”。看前脸，雪佛兰家族经典的贯穿式分体格栅，配合蜂窝状散热网格，大方体面；看车头，由发动机盖起始的 3 根瀑布式肌力射线，和前格栅的外凸式反欧米伽双臂弯线，立体犀利；看侧面，独特的 3 腰线设计将车侧勾勒出富有立体感和力量感的三维曲面，筋骨分明；看车身，前长后短的车头车尾比例、前短后长的悬架分配、上薄下厚的体积组合和前低后高的车身姿态，流畅动感。新赛欧凭借全新开发的 1.4L 和 1.2L 汽油发动机，完美实现了高效低耗的绿色目标：0~100km/h 加速分别可达到 11.9s 和 12.9s，而综合油耗仅为 5.9L/100km 和 5.7L/100km。

上市：2009 年 12 月 22 日

上海汽车 名爵 MG6

MG6 秉承英式（UK Design）造车理念，“快背（Fast-back）”固式审美颠覆设计，推翻固有思维定势，让流炫的曲线与高挑的车身化敌为友，这种车顶轮廓线呈流线型一直连贯至车尾的美学设计，往昔只是高端跑车的贵族特权。快背配以贯穿车身的运动风格高腰线设计，使整车更加动感、前卫，使其不但具备两厢运动车型的流畅与灵活，更兼具传统三厢轿车的空间功能，真正完美融合了三厢 / 两厢风格魅力。

在内装部分，MG6 突破了以往中级车的简约与实用，以炫黑的主题内装，秉承了英伦造车的精致与考究。F1 四翼防潜滑赛车型座椅，让 MG6 不仅在细节品质上尽显精湛，更以现代美学演绎了英伦气质的典雅。

在性能方面，MG6 提出了“人车谐一”的理念。首先，Fastback 赋予了完美的车身比例，接近 50:50 的前后配比，堪称“黄金比例”；1.8T 全铝涡轮增压发动机和 5AT Tip-Tronic 手自一体变速器完美契合，配合源自 F1 赛车转向盘的拨片换挡技术，让换挡行云流水般畅快。

上市：2010 年 4 月 23 日

上海汽车 荣威 350

荣威 350 的车身尺寸为 4521mm x 1788mm x 1492mm，其 2650mm 的超长轴距所营造的充沛内部空间在同级车中无出其右，身高超过 1.8m 的大个子，在荣威 350 中的前排及后排仍然能够舒展自如。荣威 350 搭载全新开发、同级领先的 1.5L VTi 高效能发动机，匹配 4 速 Multi-Mode 自动变速器和 5 速 SSG 手动变速器，90km/h 等速油耗仅为 5.9L/100km，排放达到欧 4 标准。作为一款经济实用性家用中级轿车，荣威 350 拥有完美匹配的高效动力组合，行驶在城市道路上游刃有余。

上市：2009 年 10 月 15 日

上海汽车 荣威 550

2009 年 10 月 15 日，荣威 2010 款 550 全系正式上市。2010 款 550 共有 7 款车型，匹配 1.8T 和 1.8L DVVT 两种发动机，价格区间为 12.68~18.98 万元。上海汽车在保持荣威 550 “全时数字化”吸引力的同时，重点对娱乐系统“数字化”功能进行升级，首次在汽车行车系统中引入桌面自定义功能，让客户可以自定义显示器开机画面。2010 款荣威 550 配备的九位一体 SCS II 智能主动安全控制系统也是本次升级的另一大亮点。

上市：2010 年 4 月 23 日

海马 骑士

海马骑士作为海马家族目前最高端的旗舰车型，拥有大气从容、动感非凡的造型。在配置方面，海马骑士大量运用了 B 级轿车的内饰设计元素，同时大尺寸导航倒车影像系统、双开启一键式超大尺寸天窗、三幅式多功能运动转向盘等豪华装备营造出 B 级 SUV 的高级感。

在动力方面，自主研发的 HA-VVT-2.0 系列发动机拥有领先的 D-VVT 发动机技术，最大功率为 110kW，最大转矩为 180N·m，均领先同级车型，带来震撼人心的澎湃动力。

上市：2010 年 4 月 23 日

海马郑州 王子

定位为“高品质微轿”的海马王子，是海马郑州秉持“以制造 A 级车的手段打造 A00 级车”的理念而精心打造，具有“魅力好品质、致力新空间、实力新安全”三大核心卖点。

海马王子车身尺寸为 3590mm × 1540mm × 1486mm，轴距 2332mm，外形设计非常简洁，前照灯的双圆灯造型很可爱，上下两个中网造型。动力方面，一台 1.0L 发动机，最大功率 47.5kW，峰值转矩 83N · m。前悬架为麦弗逊式独立悬架带横向稳定杆，后悬架为拖拽臂式非独立悬架，带横向稳定杆。

上市：2009 年 10 月 29 日

海马 新普力马

作为海马汽车自主研发的 H1-A 轿车平台的畅销车型，新一代普力马新型号以 Cross 为设计思想，既兼顾了传统家轿在舒适性、操控性、经济性和价格等方面的优势，又融合了 MPV、SUV 等车型的优势。

新普力马有 5 座和 7 座供选择，配合全尺寸灵动的空间组合，拥有与该产品的其他车型同样强大的全领域应用特性。此次，两款新一代普力马新型号车型特别在配置方面进行了诸多人性化的设置。

上市：2010 年 3 月 23 日

海马 丘比特 C-sport

新车外观设计应用了时下流行的 Cross 元素，不同风格的完美糅合营造出更丰富的个性表现。前进气格栅左侧独有的“C-sport”标识向众人表明了其“运动跨界”的身份，鲜红的 C 字与硕大的海马徽标和绚丽的车身颜色形成强烈的对比，从中透出了几分张扬不羁的味道。全包式前后保险杠设计，配以银色的前后底部防护板，显示出车身底部的扎实和强壮。

上市：2009年11月23日

长城 凌傲

凌傲造型的标志特征是从发动机罩顶部整齐平行延伸到保险杠底部的特征棱线，该特征线形成一个夸张的长U字形，该U字造型在由夸张的大隔栅进行分割，整体的线条让凌傲的风格前卫、硬朗十足，其大嘴中网酷似迈巴赫豪华车型的设计，欧式的豪华为运动轿车增加了难得的沉稳和信赖感。

凌傲搭载的1.5L VVT技术全铝发动机，最大功率77kW，最大转矩138N·m，直追1.6L车型动力。连续可变气门正时技术，实现完美动力输出，2500r/min即可输出峰值转矩的92%，兼顾城市游走与高速道路驰骋。

上市：2010年5月18日

长城 腾翼 C30

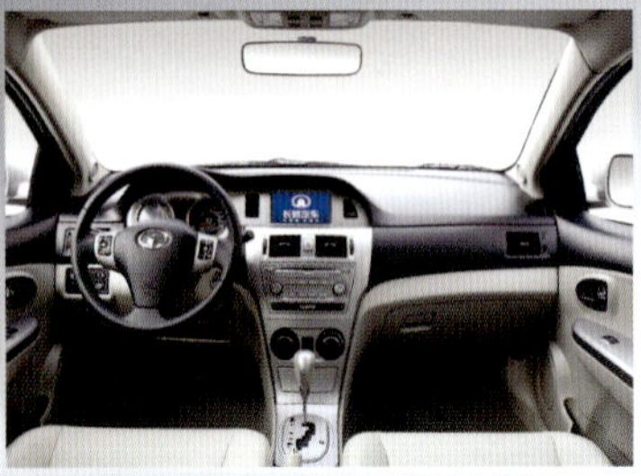

腾翼C30的外观设计充满动感新意，同时又具备低调的奢华。不事张扬的中网上下分隔，双梯形并列设计，外拓的V形鼻翼线条，肌肉感强烈的侧面轮廓，都是A级车中少有的稳重中透出灵秀动感的创新设计。

为体现精品超值，腾翼C30的各车型最低配置突出代步工具的实惠。舒适型配置都有全铝VVT发动机、双安全气囊、ABS+EBD、四轮碟盘制动、CD+Mp3、4门电动车窗、安全带未系报警、车门未关报警系统、钥匙未拔报警系统及发动机电子防盗。

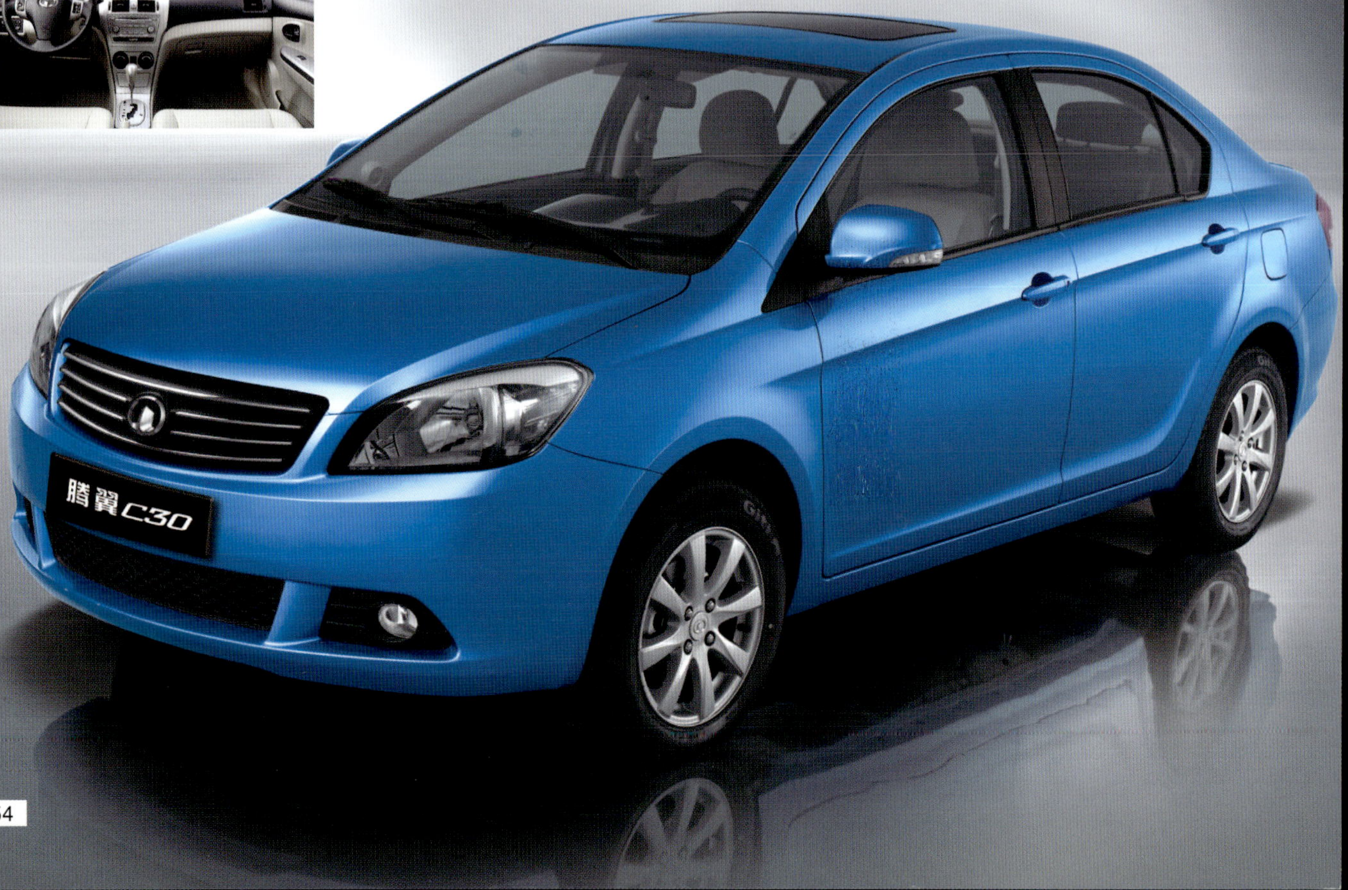

上市：2009 年 9 月 16 日

长城 M1

作为一款 SUV 与小车的“混搭”力作，长城 M1 搭载先进的 1.3L 全铝 VVT 发动机，其超轻量化设计有效地降低了油耗。同时通过先进的 VVT 技术实现完美的动力输出，兼顾城市行驶与高速道路性能。配合四轮独立悬架，不仅可以有效减少车身受到的冲击，提高车轮的地面附着力，同时还能在应对湿滑泥泞、坑洼路面及陡峭坡道等复杂路况时，确保整车的行驶稳定性和舒适性。长城 M1 配备液力偶合式智能四驱系统，可以轻松根据路况的不同实现不同驱动方式的自由转换，四轮盘式制动有德国博世 8.1 版 ABS+EBD 系统助阵，可谓是新手、玩家们安全行驶的贴心配置。

上市：2010 年 3 月 18 日

长城 M2

哈弗 M2 棱角分明，威猛大气，四轮四角化设计充满动感气息，颇有路虎、悍马、切诺基等车型风范，独特的大包围使整车显得个性化、年轻化，也加重了车型的视觉份量。M2 搭载的 1.5VVT 全铝发动机，应用了多点电喷系统、VVT 气门可变技术与进气歧管等技术，最高功率 77KW，最大转矩 138N·m，等速油耗仅为 6.1L/100km。

哈弗 M2 采用麦弗逊前悬架和纵臂扭转梁后悬架组合，辅以高坐姿、大视野和 163mm 的离地间隙，整车操控性能非常突出。

上市：2010 年 6 月 5 日

长城 H5 欧风版

哈弗 H5 欧风版摒弃了哈弗 SUV 系列偏重“硬朗”的传统风格，运用空气动力学设计的流体车身，拥有流畅圆润的线条。全新内饰成为哈弗 H5 的最大亮点，有米黄 + 黑、黑 + 灰、咖啡色三种颜色选择。内饰布局采用对称式，部件线条圆润饱满，亮银装饰条围绕在操控台四周，大屏幕液晶屏与圆筒型出风口布置其中，冷光仪表可随意调整背光亮度，键控真皮转向盘手感强且操作方便。

上市：2009年7月15日

华晨中华 新尊驰

中华新尊驰在4880mm x 1800mm x 1450mm的车身上，采用了高腰线式线条，尽显干练、尊贵、豪华。它传承了中华“血统”独具的U形前保险杠、“中”字形进气格栅等经典设计，视觉上更加厚重、沉稳。同时，增加了鹰眼式前照灯、水晶车标、LED灯组、车侧水晶铭牌等潮流设计，彰显与时俱进的豪华定位。原车型搭载的中华1.8T（最大功率125KW）、4G63（最大功率95KW）两款强劲“心脏”，依然为中华新尊驰所采用。

上市：2010年7月8日

华晨中华 新骏捷

2011款骏捷前脸换装了全新的黑网格栅，而且前照灯和雾灯都采用了不规则的菱形设计组合式大灯，将保险杠两侧的圆形雾灯何蜂窝格栅集成为了一体，并加以镀铬处理，还加入了时下流行的灯眉设计。车内前中控台T字区域原桃木贴面区域被灰色饰板所替代，另外采用了稳重大气的四辐转向盘，中控主控制面板设计也更为时尚，银色饰板的应用使得轮廓清晰。车门内板样式也同中控台整体一样，加入了金属质感装饰门内把手。

动力方面2011款的一大改变就是将由5速自动变速器来替老款的4速自动变速器；1.8T车型采用了BL18T发动机，拥有125kW的最大功率。

技术参数

发动机	BL16L	BL18L	BL18T
排量（L）	1.6	1.8	1.8T
功率（kW）	74	100	125
转矩（N·m）	134	165	235
变速器	5速手动	5速手动/自动	6速手动/5速自动
尺寸（mm）	4648 x 1800 x 1450		
轴距（mm）	2790		

上市：2009年10月30日

奇瑞 风云2三厢版

上市：2010年3月22日

奇瑞 风云2二厢版

风云2定位为都市动感家轿。在外观上，风云2融合了时下最为流行的欧美设计元素，由意大利知名设计师亲自操刀。V字形鲸鱼造型车头，两条折线划过发动机罩，飞来器式前照灯，动感十足的飞翼V形风格前格栅，使风云2的前脸充满了动感与张力，极具年轻动感，体现出一种蓄势待发的感受和意气风发的年轻心态。动力上，风云2搭载ACTECO 1.5L发动机，最大功率达80kW，最大转矩140N·m，动力性能指标大大超越乐风、雅绅特等同级别车型。同时，由于该发动机具有低转速大转矩的特点，在动力输出与油耗上做到了很好的平衡，能兼顾家用与运动的需求。

技术参数

发动机	直列4缸
排量(L)	1.5
功率(kW)	80
转矩(N·m)	140
变速器	5速手动
尺寸(mm)	4269 x 1686 x 1492
最高时速(km/h)	160

上市：2010年5月27日

奇瑞 旗云1

繁衍于QQ6的旗云1相比其前辈旗云外观截然不同，通过格栅和保险杠的分割前脸层次感明显，配以虎目式造型的前照灯。旗云1前面的形象给人的感觉是大方而不失动感。旗云1同样延续QQ6相同的动力单元：1.0L的4缸发动机的动力输出一般，50kW的最大功率刚好够用，不过也有1.3L发动机供选择，最大功率有62kW。

上市：2010年5月27日

奇瑞 旗云2

作为老款旗云的改款车型，旗云2除了在外观上稍有变动外，其动力系统并未做任何改变，仍旧搭载排量为1.5L的ACTECO系列发动机，该发动机最高可爆发80kW的强劲动力和140N·m的高转矩，而且油耗降到了6.3~7.5L/100km。改款后旗云2车身线条流畅，内饰上为柔和的米黄色，配置较全。

上市：2010年5月27日

奇瑞 旗云3

旗云3是A5的升级版，车型本身并没有差异，所有的参数都维持原样，主要改动了一下外观，在新造型前后组合灯、前格栅、后牌照装饰板，三个部位做了局部调整。中网，抛弃了板牙造型，改为三幅双条横隔栅，将CAC奇瑞车标下移到隔栅中部。前大灯仍为常规的三角形，只是内部结构焕然一新。

Rely
威麟

技术参数

发动机	直列4缸增压
排量(L)	2.0
功率(kW)	125
转矩(N·m)	235
变速器	5速手动
尺寸(mm)	4697 x 1878 x 1836
轴距(mm)	2725

上市：2010年3月25日

威麟 X5

威麟X5是一款主打越野性能的商务越野SUV。经历过达喀尔赛场极端条件的考验，威麟X5的越野性能已经为越野迷广泛关注，该车以越野、四驱标榜，还未上市就备受市场期待。具有纯正越野血统的威麟X5车身结构为非承载式车身，独立大梁式底盘全力保障越野平稳性和安全性；经过专业调校的悬架系统，可以承受更强的冲击载荷。涉水深度达600mm，最大爬坡度超过60%，在所有行驶条件下均能实现优良的越野性能。

技术参数

发动机	直列4缸	
排量(L)	1.9	2.0
功率(kW)	93	125
转矩(N·m)	271	235
变速器	5速手动	
尺寸(mm)	5410 x 1920 x 2290	
轴距(mm)	3110	

上市：2010年3月25日

威麟 H5

威麟H5是一款14座的商务客车，最初露面是担任出征达喀尔拉力赛赛车威麟X5的保障车。该车搭载先进水平的1.9TDDI柴油发动机和2.0TCI涡轮增压发动机，这在目前的轻型商旅车市场中极为少见。强劲的动力输出也在2010年达喀尔拉力赛上得到了实战的证明，威麟H5跟随战车威麟X5跑完极端环境著称的达喀尔赛段，出色完成了资源保障、媒体全程采访等任务，卓越的品质受到媒体及消费者的一致好评。

技术参数

发动机	直列 4 缸	
排量(L)	1.3	1.5
功率(kW)	62	80
转矩(N·m)	122	140
变速器	5 速手动	
尺寸(mm)	3866 x 1622 x 1638	
轴距(mm)	2330	

上市：2009 年 11 月 15 日

瑞麒 X1

瑞麒 X1 独具特色的 3D 智能数字系统和 3X 乐酷设计，是瑞麒品牌在满足用户需求方面所作出的重要突破。DSS 智能数字安全系统（新增 4 轮碟盘制动）、DSC 智能数字驾控系统、DSE 智能数字节能系统，有力的为驾驶行车提供了现代化的高技术保障，在安全、操控、节能方面尽显完美表现。3X 乐酷设计则更加为瑞麒 X1 的使用性能加分，eXtra 超大驾乘空间、eXtra 超好视野车高、eXtra 超高离地间隙的设计亮点既保证了超凡的车内空间，又保证了足够的驾驶视野和卓越的通过性能。

技术参数

发动机	直列 4 缸增压
排量(L)	2.0
功率(kW)	125
转矩(N·m)	235
变速器	5 速手动
尺寸(mm)	4717 x 1794 x 1473
轴距(mm)	2700

上市：2009 年 12 月 23 日

瑞麒 G5

瑞麒 G5 将德系车的操控性能与日系车的舒适性能实现了完美平衡。整车线条简练，饱满大气，前脸造型硬朗，使其在商务气质中不乏运动元素；操控性上，ACTECO 2.0TCI 全铝合金涡轮增压发动机，搭配双叉臂独立前悬架和以平稳舒适闻名的多连杆独立后悬架，给予瑞麒 G5 极佳的动力性能和平稳舒适的操控性能；此外，丰富的主被动配置，智能行车管家系统（Can+LIN BUS）、双区独立控制豪华全自动空调、卫星导航、倒车成像系统等智能科技配置，在保证商务功能的基础上，进一步提升了驾驶乐趣和个性化潮流商务感。

BYD
比亚迪

上市：2010 年 7 月 20 日

比亚迪 M6

M6 外观融入了国际最流行的子弹头设计，超大前风窗玻璃，提供驾驶者更开阔的视野，对路况一览无遗；大型宽景天窗，人在车内也能坐拥蓝天白云以及夜晚的深邃星空，M6 带来的是全景观感；厚实饱满的尾部造型，包覆式后保险杠与车身浑然一体，突显出车后视角的力量感。动力方面，M6 配备 2.4L 自动挡和 2.0L 手动挡两种车型，二者均达到欧 4 排放标准，动力强劲、经济省油。

上市：2010 年 8 月 16 日

比亚迪 L3

L3 摒弃了轿车惯有的平润线条，风格清晰简洁而强劲有力。从车头上前照灯一直延伸至尾灯的“犀利”腰线，灵动犀利的熏黑前照灯，配合前格栅和粗壮的镀铬饰条，时尚而不乏动感！雾灯及前保险杠下方进气口进行了重新的设计，与比亚迪其他家族车型相比，尾部造型更为硬朗。配合流线型尾灯，单排气管藏于保险杠内，更增添了几分神秘气息，立体活泼地整体风格展现出足够的运动元素。L3 搭载比亚迪自主研发的 BYD483QA 发动机，排量 1.8L，最大功率达到 90kW，峰值转矩为 160N·m。

上市：2009 年 10 月 26 日

比亚迪 G3

G3 的前脸饱满有型，晶钻式透镜前照灯显得动感十足，大尺寸镀铬进气格栅，两边的棱角微微上扬，优雅中平添一丝霸气。整个前脸组合起来就像是一张恬静而优雅的笑脸，更契合当下流行的仿生学设计；G3 的尾部尊贵大气，一道靓丽的镀铬条装饰在尾部看起来更显活力，接缝处平整自然。而转向灯和后视镜的组合则更加符合中高级车的设计理念。动力方面，G3 主要有 1.5L 手动挡和 1.8L CVT 两种选择。

上市：2010 年 3 月 17 日

长安 奔奔 Mini

奔奔 Mini 的水滴形前照灯与前保险杠格栅勾勒出颇具喜感的笑脸，给人的第一印象就是亲切。发动机罩与上格栅构成类似"雄鹰"形状的隆起，嵌入长安标识，彰显奔奔家族精致、运动的个性。进入车内，驾乘者会发现大量圆形元素的应用和颇具层次感的细节设计，着力衬托出奔奔 Mini 的现代感和时尚气息。配上让人炫目的流行色彩彰显奔奔 Mini"时尚、可爱"的个性和气质。奔奔 Mini 搭载了中国唯一一款升功率达到 51kW 的四缸 1.0L 排量发动机，主要性能优势体现在动力提升了 30%，可靠性提高了 20%，油耗降低了 10%。

上市：2009 年 11 月 23 日

长安 悦翔 两厢版

悦翔两厢在细节设计上也秉承了三厢的亮点设计元素，像悬浮式格栅、熏黑的大灯、梯形进气口等都得以保留。悦翔两厢与三厢最大区别体现在外形设计上，其尾部圆润饱满的曲线设计给人带来强大的视觉冲击力，后窗视角较同级两厢车更为宽大透亮，线条也更加柔和。带一点小尾翼的走线与双色保险杠之间凹凸有致，与整车流线型风格更加突出，整体外观更为时尚、流畅、动感。悦翔两厢与三厢配置了相同的 1.5L、16 气门电子控制多点燃油喷射发动机，匹配五挡手动变速器和四速自动变速器，最高车速为 170km/h。

上市：2010 年 8 月 23 日

北京现代 瑞纳

秉承现代汽车屡获全球设计大奖的“流体雕塑”设计理念，瑞纳采用轿跑式的车身设计，如引弓待发之箭，动感时尚浑然天成。高度人性化的车内布局，带给驾乘者超越同级的时尚驾乘享受。4340mm x 1700mm x 1460mm 的车身尺寸，造就了同级别车型中最大的 2570mm 轴距，使其具备了宽敞舒适的内部空间和大容量的行李装载空间。瑞纳拥有强大的动力系统，搭载现代 CVVT 发动机。其中 1.4L 发动机，最大功率 78.7kW，最大转矩 135.4N · m；1.6L 发动机，最大功率 90.4kW，最大转矩 155N · m。与现代最新小型变速器匹配，动力输出更为高效，同时也使其具备卓越的燃油经济性。

技术参数

发动机	直列 4 缸	
排量（L）	1.4	1.6
功率（kW）	78.7	90.4
转矩（N·m）	135.4	155
变速器	5 速手动 /4 速自动	
尺寸（mm）	4340 x 1700 x 1460	
轴距（mm）	2570	